Ética
bixa

Ética bixa
Proclamações libertárias para uma militância LGBTQ
Paco Vidarte

n-1 edições © 2019
ISBN 978-856-694-380-1

Embora adote a maioria dos usos editoriais do âmbito brasileiro, a n-1 edições não segue necessariamente as convenções das instituições normativas, pois considera a edição um trabalho de criação que deve interagir com a pluralidade de linguagens e a especificidade de cada obra publicada.

COORDENAÇÃO EDITORIAL Peter Pál Pelbart
e Ricardo Muniz Fernandes
DIREÇÃO DE ARTE Ricardo Muniz Fernandes
ASSISTENTE EDITORIAL Inês Mendonça
TRADUÇÃO Pablo Cardellino Soto e
Maria Selenir Nunes dos Santos
PROJETO GRÁFICO Érico Peretta
PREPARAÇÃO Graziela Marcolin
REVISÃO Pedro Taam
IMAGEM/CAPA Regina Gomes Fernandes

A reprodução parcial deste livro sem fins lucrativos, para uso privado ou coletivo, em qualquer meio impresso ou eletrônico, está autorizada, desde que citada a fonte. Se for necessária a reprodução na íntegra, solicita-se entrar em contato com os editores.

1ª reimpressão | São Paulo | Junho, 2021

n-1edicoes.org

Paco Vidarte

Ética bixa

Proclamações libertárias para
uma militância LGBTQ

Tradução **Pablo Cardellino Soto** e
Maria Selenir Nunes dos Santos

n-1
edições

Para os meus mais do que amigos Luis Aragón, Javier Sáez David Córdoba, Jordi Llordella, José Luis Muñoz, mais uma vez para Manuel Andreu e para Sergio P. Sanjuán, para meus irmãos Titi e Babe, para Beatriz e Agustín de Sevilla e para todo mundo que, em vez de me mandar para o desmanche quando me conheceu, preferiu me fazer um tuning, *me dar uma turbinada, porque acreditou que dava para recuperar alguma coisa de mim, apesar da minha condição de perda total de nascença. Embora eu nunca vá passar na fiscalização, obrigado por todo o tempo que vocês estão gastando num* tuning *sem fim.*

09	Introdução
19	1. A necessidade de uma ética bixa
41	2. O que é ser bixa? Um pouco sobre como eu vejo as coisas
61	3. A bixa como sujeito político
71	4. Por uma militância cachorro louco
87	5. Agir sem pensar
109	6. Como frangos sem cabeça
127	7. Acabou a fala mansa
151	8. Solidariedade LGBTQ
179	Sobre o autor

Introdução

— O imbecil não conhece o segredo do Grande Tirano: a arma suprema. Vou soltar o Mathmos pela cidade toda!

— Você acha prudente?

DO FILME *BARBARELLA*

Isto não é um livro. É um interruptor. Um dispositivo que desliga a corrente. E que, por sua vez, permite que algo comece a andar, que algo se acenda. Eu gostaria que a leitura deste livro provocasse um "clique", uma faísca que interrompesse uma sequência de merda, uma queda de tensão no movimento LGBTQ que deve terminar o quanto antes. E que incendiasse uma outra forma de fazer as coisas e da gente se comportar como bixas, lésbicas e trans frente à sociedade e às próprias tendências involucionistas que se instalaram entre nós. Se isso não acontecer, este livro não terá funcionado. É necessário encontrar outro interruptor que funcione e que atinja sua finalidade corretamente, despertando novas sensibilidades e atitudes, outras formas de fazer política e da gente se comprometer solidariamente na luta contra a homofobia e os homofóbicos.

Escrevo em primeira pessoa, a partir de uma situação subjetiva e de discurso bastante problemática, múltipla, contraditória, singular, sem me fazer porta-voz de ninguém. Como bixa é muito difícil, para mim, falar em nome de outras bixas, muito mais ainda em nome das lésbicas e das transexuais, porque estou convencido de que não se pode colocar todos esses grupos no mesmo saco, já que nossas situações de opressão e discriminação social são muito diferentes. Até o último momento cogitei batizar este livro como *Ética LGBTQ*, mas finalmente respeitei meu impulso inicial de escrever uma *Ética bixa*, deixando o LGBTQ no subtítulo. Retomo assim algumas notas minhas que estavam esquecidas no disco duro do computador há mais de dez anos, quando as abandonei para embarcar no projeto de *Homografías*.

Quero, desde o início, deixar claro que não pretendo usurpar a voz de ninguém em nome de uma ética de corte universalista, nem anular as características diferenciais da dominação e as ofensas que cada um suporta e que o levam a agir como melhor lhe pareça em uma circunstância de opressão hierarquizada na qual é muito mais punk ser trans do que ser bixa, e inclusive continua sendo muito mais punk ser lésbica do que ser bixa. Às vezes, quando falo de bixissapas, bixitrans, trans-homofobia, pode parecer que estou cavando um espaço para todas nós, mas de modo que a voz mais audível seja a das bixas e as demais sejam incluídas para alimentar um discurso mais correto, porém sem muita convicção. É precisamente o contrário: creio que todo o discurso teórico sobre o qual me apoio e o pano de fundo revolucionário em que se baseia o movimento LGBTQ advêm quase que exclusivamente das trans e das lésbicas. As bixas contribuímos escassamente com a teoria e com a práxis revolucionária, e, quando o fizemos, foi para marginalizar, excluir e silenciar as lésbicas e trans, nos apossando dos aparatos de poder, dos microfones, megafones, câmeras e de tudo quanto os machos ibéricos, sodomitas incluídos, consideram que continua lhes pertencendo por direito.

Se finalmente me atrevi a ampliar o âmbito do meu discurso para além das bixas, terá sido seguindo as pautas de uma solidariedade LGBTQ com a qual tento acertar as contas no último capítulo e que, naturalmente, necessita ser depurada de qualquer sinal de machismo, heterossexismo, lesbofobia, misoginia ou transfobia que possa continuar abrigando. Valha esta explicação para pedir desculpas de antemão. Não pretendo desculpar-me nem me justificar com ela, e sim aceitar logo de cara as suscetibilidades que possa causar o fato de eu não me limitar a falar exclusivamente em primeira pessoa, ou como bixa. Não tenho pressa de me converter em um sujeito rizomático, múltiplo, em dizer que eu sou muitas, nem interesse em passar sermões semelhantes que transformam a boa intenção em mais um elemento de repressão.

Escrevi este livro em menos de três semanas. Isto quer dizer que talvez fosse melhor não o ter publicado e pensar as coisas mais um pouco. Mas se ele chegou até você é porque mais alguém além de mim, inclusive a editora e alguns amigos que costumam me aconselhar bem, deve tê-lo achado interessante, divertido, oportuno ou que vale a pena, por algum motivo que não imagino qual seja. Há ocasiões em que acredito que essas linhas são muito individuais, que são apenas uma revolta minha, um desabafo diante do que está caindo, sem o menor interesse teórico, a não ser a necessidade que pode haver no movimento LGBTQ de compartilhar frustrações, raivas, ódios, a necessidade urgente de fazer algo, a sensação de esgotamento de nossos coletivos, dos dirigentes e das teses oficialistas, a certeza de que ficamos muito tempo no fundo do poço e de que as mudanças legais produzidas no nosso país vão sepultar, paralisar a nossa luta ou deixá-la a ver navios, em vez de potencializá-la e reativá-la.

Tenho uma péssima relação com este livro, que é mais um panfleto radical, um fanzine libertário, porque penso que ele é um chilique, um piti, a necessidade de vomitar merda diante da constatação da ausência de um projeto esperançoso alheio e próprio. Se o escrevi, foi talvez para pedir ajuda. Não tenho nada para oferecer, não tenho nada a propor, estou vazio. Não vejo ninguém, nenhum grupo dentro do movimento LGBTQ capaz de "nos salvar", em quem possamos depositar alguma esperança, a quem delegar a gestão e a invenção de um futuro para as bixas. Também não quero dizer que precisemos de redentores ou de iluminados para dar conta de uma tarefa que só pode ser coletiva. Porém, é certo que a suposta *intelligentsia* bixa não tem nada a nos ensinar, e muito menos é capaz de guiar alguém. Que ninguém leia estas páginas buscando um manual de instruções, um roteiro. Sou incapaz. Apenas gostaria que servisse para mobilizar as pessoas, movê-las do sofá, fazê-las mudar de postura, ainda que seja cruzar as pernas, tossir, afundar as almofadas, algo, um movimento mínimo capaz de nos tirar da inércia ou nos tornar conscientes dela.

Não quis fazer um tratado complicado, pesado, ilegível, acadêmico. Não quis fazer teoria *queer* para especialistas. Nem escrever um calhamaço sisudo que caísse das mãos dos leitores e que depois não valesse para nada. Para uma lambeção de cu entre sabichonas, dito com escracho. Este livro é muito bruto, não poli muito a minha linguagem, falo livre, leve e solta, digo o que me dá na telha, o que me ocorre, não paro para corrigir nada, nem apago, não me releio. Já vou me arrepender. Pulei as citações, as notas de rodapé e também as referências bibliográficas. Queria contar como me sinto, como nos sentimos várias de nós, e dizer isso do modo como eu falo normalmente, como falo com quem me conhece, para ser compreendido, para poder me expressar. Teoria *queer*? Jesuiz! Isso não coloca ninguém de acordo, já deixou de me satisfazer politicamente, se converteu em bico universitário para quem precisa se virar de algum jeito. Não duvido da sua eficácia até certo ponto e tudo bem que se faça, mas já está tão distante das pessoas que eu acho muito chato – isso pra não falar da indignação que sinto ao ver que se converteu em um curral de quatro elitistas que vendem receitas de liberdade por preços muito pouco acessíveis. Ou da reapropriação espúria do termo por parte dos sodomitas de direita. Minha intenção era chamar idiotices nonsense de babaquices, que todos compreendam, que despertem desprezo ou solidariedade, identificação ou vômito. E também sem argumentar muito, adequadas para todos os públicos, sem maquiagens de sabedorias importadas, recuperando o bom senso do povo da rua, meu bom senso quando não tento ser brilhante ou começo a fazer papel de idiota ou a falar para me fazer de sabichão.

Fiz um livro para compartilhar, também para me sentir amparado, às vezes me sinto muito só, e muitos como eu se sentem igualmente perdidos no meio de um deserto político rosa. Seria surpreendente se quem lesse isto sorrisse, risse muito, gargalhasse, se fizesse muito bem para a sua saúde ver em meus lábios seus próprios insultos, sua raiva, sua indignação, seu mal-estar, sua vontade de dar porrada em alguns, de queimar com o olhar enquanto lemos um monte de lixo fascista sem acreditar que seja possível dizer essas insanidades revisionistas e ficar tão à vontade. Sei que as vezes isto vai parecer muito com um puto panfleto borroka,[1] que retomará discursos radicais, de fanzine, inclusive demagógicos, diretos, cheios de raiva, desilusão, nojo. O bom é que ninguém vai se estrepar lendo, por não me entender. O mais provável é que se canse, que ache uma merda, sem nenhum nível, escasso de ideias, vazio, absurdo, propostas pessoais que não interessam a ninguém, que ninguém compartilha. Não sei. O que sei, isso sim, é que escrevi um livro para fazer amigos e para cagar na cabeça dos meus inimigos, porque faz tempo que tenho vontade disso. Chocar toda essa gentalha conservadora e fascista que não suporto, dentro e fora do movimento gay, chamá-los de babacas na cara dura, filhos de uma égua, sodomitas neoconservadores, cachorrinhos de colo, traidores, capitães do mato,[2] quinta-colunistas de merda.

---

1 Movimento radical basco. [N.T.]

2 No original, *kapos*: prisioneiros judeus que, durante a Segunda Guerra Mundial, tinham alguns privilégios em troca de colaborar com a SS em pequenas funções administrativas e de vigilância dos outros presos. [N.T.]

A verdade é que não sei exatamente a quem pode se dirigir este livro. Se você é de direita, se pensa que não vou com a tua cara, que te odeio, que você me dá nojo, ânsia de vômito, que é a típica bixa fascista, da direita de sempre, e até se a gente já se desentendeu, se mandei você à merda pessoalmente, se você quer me ver morta tanto quanto eu quero ver você e a sua família inteira, e ainda assim você está me lendo, deve ser porque está tentanto roubar alguma ideia minha para direitizá-la, me atacar, roubar meus perfumes porque o seu nariz nasceu atrofiado, publicar outro dos seus livros de merda, outro número de uma revista de merda valendo-se dos escritos de outros que, eles sim, inovam e têm ideias. Raspa o cu fora. Vai se foder. Leia-me se quiser, é o melhor que você faz da sua vida além de morrer.

As pessoas em que pensava enquanto escrevia eram: eu mesmo, para tirar a minha raiva, a indignação, me obrigar a fazer algo, a reagir diante da enxurrada fascistoide e clerical, tirar a minha culpa por me indignar e ser o primeiro a não fazer nada, botar para fora essa merda toda, cuspir lixo contra as bixas que se aproximaram do poder, vendidas aos políticos, contra os putos alpinistas que fizeram carreira à custa dos gays e das lésbicas. Escrevo para as pessoas próximas, que andam como eu, e pensei que elas também se identificariam, se encheriam de esperança com este projeto de uma enorme escarradeira a ser preenchida de gentalha indesejável para cuspirmos em todos juntos – já é alguma coisa para começar.

Escrevo também para as pessoas não tão próximas, mas envolvidas nos mesmos conflitos toda a vida, que fazem coisas, ações individuais, que têm que rebolar, que arriscam, que lutam no seu círculo, trabalho, editora, livraria, em casa, na universidade, nos colégios e institutos, no teatro, na música, nas revistas, antigos amigos, companheiros, ex-radicais, soropositivos, sumidos da cena pública, ativistas contra a aids, velhas e novas glórias que me fazem não desanimar e continuar confiando, alunos de filosofia, alunos novos, mestrandos, doutorandos, gente que está até o pescoço no movimento e gente desmobilizada, que jogou a toalha, cansada, mas com as quais não se perde a sintonia...

Bem no fundo, aqui com meus botões, escrevo para muita gente, nova e velha; os leitores antigos que ficaram muito satisfeitos com *Homografías, Extravíos* e que tornaram possível a segunda edição de *Teoria queer*, um bom livro que eu acho intragável e que engasga, mereciam algo mais ameno; gente de outros países, amigos argentinos e brasileiros, héteros gloriosos, maravilhosos, esquerdosos, okupas,[3] gente alternativa, gente rara de qualquer extração, pessoas que não conheço, mas com as quais estou de acordo logo de cara, sem falar.

Acredito que já deve ter uma galera diversa nessa porra de país que vai ler com prazer a minha revolta, minhas ilusões, minha tentativa de fazer algo, a minha apoltronada chamada para a ação, para a crítica, o inconformismo, para ressuscitar antigas palavras de ordem, acabar com a fala mansa, aumentar o acirramento do lado de cá – tudo está acirrado menos o mundo gay, não é legal? –, mentir, incomodar, xingar, desestabilizar, desmascarar, insultar, arrastar pela lama quem sabemos que veste a carapuça, eu odeio ser arrastado pela lama, lama é barro e eu sou de barro, tenho os pés de barro, a xana de barro. A todos que estiverem a fim de gritar, desabafar, atacar, formar uma frente bixa, qualquer coisa que incomode, incomodar, incomodar, sair da apatia, ser responsáveis. Creio que esta comunidade de afinidades existe, e não é necessário que todos sejam bixas, lésbicas ou trans. O resto é o resto. E tomara que em um futuro próximo sua vida se torne mais insuportável, que existam pessoas para arruinar seus atos, a presença do público,

---

3 Movimento de pessoas sem-teto que ocupam prédios vazios. [N.T.]

as negociações, suas tramoias de merda de direita, suas mamatas, seus sorrisos de conveniência, suas visitas institucionais, seus privilégios de classe. Não se trata de criar um comando, um levante gay; trata-se, isso sim, de criar um mal-estar, de tornar inaceitáveis certas pessoas, práticas, hipocrisias, condutas, dignidades falsas. E isso de maneira generalizada, até quase dar medo de fazer cagadas em público por dizer fascistadas se fazendo passar por bixa, ou por simpatizante das bixas ou por colaborador nojento de homofóbicos envergonhados de sorriso falso enquanto nos odeiam e prejudicam. Nenhuma agressão sem resposta, nada de jogar confete em ninguém, vamos foder com a vida dos fascistas e homofóbicos.

Vamos soltar o Mathmos! Pois estamos enviadandooooo!

1

A necessidade de uma ética bixa

> Entendo por humanismo o conjunto de discursos mediante os quais se diz ao homem ocidental: embora você não exerça o poder, você pode ser soberano. E ainda: quanto mais você renunciar ao poder, e quanto mais submetido estiver às imposições, mais soberano vai ser.
>
> MICHEL FOUCAULT

Quando alguém se dá conta de algo que ninguém se deu conta antes, ou pelo menos não lhe ocorreu colocar no papel, está num dilema complicado: ou o que acaba de lhe ocorrer é uma abobrinha infinita ou é uma puta genialidade. Acontece também que há genialidades que começaram sendo uma bobagem, junto com genialidades que acabaram se convertendo em grandes asneiras. Pensar na necessidade de uma "Ética bixa", ou mesmo em sua possibilidade, não tem nada de genial, talvez nem seja muito original. Decididamente, eu aposto na sua necessidade porque tal ética não é uma bobagem e de certo modo nos faz falta, sim, pelo menos para desbloquear uma situação de *impasse* ético, político, ideológico que arrastamos há pelo menos dez anos. Talvez fosse bom dispor de algo semelhante a uma ética para ser ensinada pelos colégios ou para ser aprendida por aqueles que, como eu, se criaram aprendendo e interiorizando éticas inventadas por e para heterossexuais. Nosso código de valores, nossas pautas de conduta, tudo o que fazemos e pensamos, querendo ou não, sempre medimos à luz de abordagens e propostas éticas heteronormativas, procedentes de âmbitos tão homofóbicos como a Igreja, a religião, a filosofia, a escola, a universidade, a política, os partidos, a cultura, o cinema e todos os discursos morais que as instituições proclamam aos quatro ventos para impregnar pouco a pouco as pessoas massivamente e desde pequenininhas.

Proponho a necessidade – não vou dizer a urgência – de uma ética bixa feita por nós e para nós. Uma ética que seja realmente autônoma e não devedora de valores, situações, contextos que não são nossos. Por mim, tanto faz o que seja ética, não sei, ou sei, sim, eu me dedico à filosofia para comer, mas isso não vem ao caso. Não vou assumir um tom professoral ou pesado neste livro, que não é um livro de filosofia, mas um livro no qual vou pensar apenas o justo, não quero pensar demais, quero mais é mostrar o que carrego comigo acerca de um assunto sobre o qual todos podemos opinar. Não vou falar de uma ética bixa para preencher um enorme vazio no *corpus* filosófico, que de fato existe. A disciplina da Ética ou a Moral é a coisa mais homofóbica que alguém pode encarar. E a Ética que se ensina nos colégios, na ESO,[4] é de arrepiar os cabelos, salvos os casos em que o docente é uma lésbica ou uma bixa engajada, ou um hétero fodão que se nega a transmitir a herança funesta da tradição no que toca ao comportamento ético, à convivência, à solidariedade etc.

O que pretendo dizer bem claramente é que se nós não construirmos uma ética bixa que sirva para nós, uma ética na qual nos eduquemos seja qual for a nossa idade, pois nunca é tarde, uma ética bixa que contribua com a nossa felicidade de bixas, lésbicas e trans, certamente a ética de que vamos dispor em nosso dia a dia vai ser uma merda, não vamos improvisá-la, não vamos criá-la, não podemos nos enganar: vamos tê-la emprestado do poder, como uma doação do poder feita generosamente para nos prejudicar. Eu não quero, neste momento, fazer um manual de ética, nem um catecismo gay, tudo isto seria muito bom e muita gente recorreria a publicações tão úteis, mas agora não estou nessa onda. Minha intenção é política. E as propostas

---

4 Educação Secundária Obrigatória. [N.T.]

de uma ética bixa que farei aqui não serão universalizáveis, não vão valer para todas e para cada uma das bixas e lésbicas do mundo, nem sequer do Estado espanhol.

Uma ética bixa deve nascer justamente da singularidade de pertencimento a uma coletividade, neste caso, partindo de mim como bixa, um indivíduo *particularmente bixa* (como cada leitor será outro), que pretende comunicar um modo de vida, de ação, de comportamento, de sociabilidade, de inscrever-se no contexto concreto de um país com o intuito de que suas propostas possam ser compartilhadas e entrar em sintonia com as de outros membros da comunidade gay, sem a qual ele sequer pode se pensar como indivíduo. Basta com que sejam alguns. Uma ética bixa sempre será particular, pois nossa particularidade de ser bixa vem antes de qualquer outra coisa. Todas as éticas universalistas, feitas para todo mundo, acabaram nos massacrando, nos discriminando, nos prejudicando. Quando alguém fala em nome de uma ética universal, uma ética para a humanidade, pode ter certeza que será contra nós. Por isso, minha pretensão é restrita, uma ética para nós, para uns poucos gays e lésbicas, inclusive contra alguns gays e lésbicas. Assim, é particular, singular. Tanto como cada um é. Não se pretende que todo mundo, todos os democratas, como se diz agora, todos os cidadãos se comportem assim, mas somente um punhado de bixas e sapas. Uma Ética para nós. Para ninguém mais a princípio. Mas quem somos nós? Existe um "nós" quando falamos de bixas e lésbicas? É disso que se trata: de inventarmos esse nós, de começar a construí-lo, porque eu lembro que uma vez houve um "nós" que terminou em cacos, tão estilhaçado que cada vez mais me parece impossível me identificar e me sentir membro de alguma suposta "comunidade gay".

Nessa altura ainda não me parece que tenhamos muito claro qual é a relação de ser bixa ou lésbica com o pertencimento a uma determinada classe social, a uma instituição (como o exército ou a Igreja, a um partido político ou a outro, a um sindicato), ou com o fato de possuir qualquer credo religioso, de ser europeu, ocidental ou imigrante, com estar casado e ter filhos, ou ainda com a transexualidade. A ética bixa e lésbica que pode nascer daqui não é o resultado de misturar todos estes fatores em um coquetel de proporções variáveis e servir o resultado bem gelado numa taça larga com a borda açucarada para que desça melhor. Para mim, isto resulta repugnante demais *e* um pouquinho burguês: como o que temos e vivemos agora. Uma ética bixa deverá, se não resolver, o que é difícil, pelo menos colocar em pauta a incomunicabilidade ou a solidariedade de todas essas variáveis estruturais e sociais, de que modo elas afetam o indivíduo e se acabamos de uma vez por todas com o indivíduo, esse sujeito burguês liberal que se fez e conquistou tudo aquilo de que desfruta, obrigações e privilégios, à custa de si mesmo às vezes e dos outros quase sempre. Eu creio que ser bixa ou lésbica neste momento deixou de ser uma opção ética autônoma e que a opção sexual passou para um segundo plano, pois já não contêm potencial emancipador nenhum, obedecendo na maioria das vezes a interesses espúrios, sejam de classe, de privilégios consolidados, de status econômico, de raça ou procedência, de nacionalidade. Uma ética bixa deveria recuperar a solidariedade entre os oprimidos, discriminados e perseguidos, evitando estar a serviço das éticas neoliberais criptorreligiosas herdadas em que fomos criados e nas quais se forjaram nossos interesses de classe, e recuperar a solidariedade com outros que foram e são igualmente oprimidos, discriminados e perseguidos por razões diferentes de sua opção sexual.

Não cabe uma ética bixa sem memória, *memória longa* que podemos alongar em anos, lustros, séculos, e que talvez nos devolva um certo espírito solidário e dissolva o repugnante conceito que temos agora de nós mesmas como sujeitos consumidores livres e satisfeitos consigo mesmos, participantes da economia capitalista da democracia de mercado; e *memória curta*, incluindo a percepção imediata da realidade, sem puxar muito pela memória, de quantas bixas e lésbicas ficaram excluídas da possibilidade de enunciar-se como sujeitos livres que gozam plenamente dos direitos e vantagens que a sociedade reserva somente para alguns. Existe uma responsabilidade inalienável por todos aqueles a quem a luta pelos nossos direitos excluiu, silenciou, pisoteou e manteve à margem de qualquer mesa de negociação; responsabilidade pelas prioridades escolhidas na luta, primeiro gays e lésbicas, depois transexuais... nunca os presos, os aidéticos, os garotos de programa, as bixas sem-teto, as sapas latino-americanas, as bixas emigrantes asiáticas e africanas; responsabilidade porque tudo que se conseguiu deixou sem discurso, sem recursos, sem capacidade de convicção, sem credibilidade os coletivos e interlocutores que parecem ter sacrificado qualquer reivindicação, ainda pendente e mais urgente do que as conquistadas, em troca de não se constituírem em um setor incomodativo para o sistema e os partidos políticos, ridicularizando, desprezando, desvalorizando – a partir das nossas próprias instituições supostamente representativas – qualquer reivindicação social verdadeiramente relevante, desestabilizadora, ingrata para os governantes e pobre em resultados eleitorais.

"Agora é Europa" é a ideia mais genial que ocorreu aos coletivos gays: isso significa que no nosso país já não temos mais nada a fazer, não há mais nada para exigir, não existem mais agressões, não tem mais homofobia na sociedade, nem no Parlamento, nem na Igreja, não há discriminação laboral, familiar, social, não há educação heterossexista nem *bullying* nas escolas contra as crianças viadas, não há aids nos presídios, não há homossexuais excluídos no exército, não há cotas de gays midiáticos nos partidos, vivemos na Disgaylândia, onde só tem divertimentos e nenhum sufoco. E agora queremos montar uma

Disgaylândia em cada canto da Europa. Enquanto ficam de fora do parque todas as bixas e lésbicas que não têm dinheiro para pagar o ingresso, ou que não querem entrar no parque porque na saída voltam para o mundo real, a Espanha Real.

Quero pensar que muitos desses problemas teriam sido encarados e resolvidos de outro modo se nossos interlocutores e todas nós tivéssemos partido da suposição de que a homofobia faz parte de uma constelação social repressiva imbricada com opressões de todo tipo, em vez de considerar que a homosexualidade/homofobia era uma variável independente na complexa trama de repressão e controle social. Faltou, mas nunca é tarde, **uma reflexão sobre nossa esquizofrenia de bixas ricas/pobres, de direita/esquerda, burguesas/operárias, nacionais/estrangeiras, brancas/latinas, amarelas, negras, ciganas/não ciganas, católicas/ muçulmanas, crentes/ateias, sacerdotes e freiras/leigos e anticlericais, militares/civis, empresários/assalariados, mulheres/homens, livres/presos, interior/capital** etc. Conseguimos descriminalizar a sodomia, as sapas, os boquetes, os dildos, as tesouras, as comidas mútuas de xana, quase até as mijadas, mas a homofobia persiste como sempre, uma homofobia com duas caras: uma homofobia ideal, descontextualizada, generalizada, legislada, penalizada, tipificada e universal contra todas as bixas e sapas; junto a uma homofobia real, cotidiana, de rua, de sala de aula, o trabalho, as roupas, os bairros, os povos, fora do alcance do império da lei, seletiva, caso a caso, que antes de excluir pergunta quanto dinheiro você tem, onde você nasceu, se tem trabalho, filhos, se é sacerdote, qual é o seu sobrenome, se é de direita desde sempre etc. Em consequência, ela decide se vai te apedrejar dentro dos limites legais e policiais e se vai te tirar na marra ou mais suavemente dos seus domínios: o bar, o bairro, o prédio, a família, o táxi, o quartel, a aula de 1º ano do ESO, o serviço... segundo um intocável "direito de admissão" onde se refugiam a liberdade do sujeito liberal e a cumplicidade heterossexista e homofóbica: essa cumplicidade nós, bixas, não temos, e ela é mais do que uma simples cumplicidade, mas todo um conglomerado ético que tem respostas, reações, comportamentos, acobertamentos pré-programados, quase biológicos. Sua ausência nos mantém desunidas, dessolidarizadas, um salve-se quem puder, enquanto na frente temos uma falange hoplita totalmente impenetrável.

Uma ética bixa quer justamente lutar contra o salve-se quem *puder*: trata-se de que se salve quem *quiser* e não apenas quem puder. Porque os que podem são os de sempre. Da mesma forma que não é bixa quem *quer*, mas quem *pode*. O problema é que quem já se salvou, nós, que já nos salvamos, que pudemos, que sempre pudemos, já não nos preocupamos pelos que ainda não puderam. Assim que se vê instalada e segura, a bixa se esquece dos companheiros de cela, de prisão, de exílio, de fuga, não conhece ninguém, se esquece das amizades inconvenientes para sua nova situação, de um passado em que se viu obrigada a andar com indesejáveis, impotentes, incapazes de se libertarem como elas fizeram, e começa a preocupar-se e a ocupar-se unicamente da sua xana, do seu cuzinho de bixa privilegiada que só quer ter amizades convenientes e influentes. Tenho a sensação de que muito poucas bixas e sapas suportariam o Teste da Única Pergunta: "Quando foi a última vez em que você não pensou apenas no bem-estar da sua xana, na satisfação privada do seu cu viado?".

POR UMA ÉTICA ALTERNATIVA DAS MINORIAS

Quando a ética tende a ser universal e a generalizar-se, quando as diretivas éticas pretendem ser compartilhadas por todo o mundo, quando se pretende que as virtudes democráticas valham para todo o mundo, o mais comum é que semelhante proposta ética tenha saído da cabeça de alguém que pertence a uma maioria, a uns poucos que sempre se dão bem e querem continuar assim ou melhor. E então eles nos impõem – sob uma fachada de universalidade, democracia, ética, moral, unidade – uns padrões para nos conduzir socialmente, para neutralizar nossa singularidade, a idiossincrasia que temos como minoria, extinguir qualquer sinal de desconformidade com os modos majoritários de convivência, excluindo-nos de fato como minoria possuidora de características, desejos, atitudes diferentes. Ou incluindo-nos como um paragrafozinho especial dentro do tópico geral "cidadãos", "democratas", "pessoas", "seres humanos", "espanhóis" onde cabemos ou onde nos fazem caber em troca de renunciarmos a todo fazer incomodativo ou rebelde, em troca também de nos reconhecermos como democratas, cidadãos, pessoas ou espanhóis antes de bixas ou sapas. Uma ética para seres humanos, suponho, que vale em determinadas circunstâncias: não matar, não roubar e um pouco mais. Inclusive, quando alguém diz "não matar" ou "não roubar", o que está declarando é a proibição de matar ou de roubar aos que pertencem ao grupo de quem declara tais prescrições: não matar os meus, não roubar os meus.

Toda ética universal, no fundo, é absolutamente particular, é uma ética de classe, de povo escolhido, de héteros, de masculinos, de uma maioria que pretende impor uma ética particular – por muito majoritária que seja – a todos em seu próprio benefício e em prejuízo das minorias que não pertençam ao seu círculo de poder: a fundação ou a proclamação de uma ética sempre é uma operação de poder, de opressão, de controle social. Exceto, talvez, no caso de essa Ética obedecer aos interesses de uma minoria oprimida (não oligárquica), e, nesse caso, sua proposta ética será a de uma ética de emancipação, uma ética revolucionária, uma ética libertária, uma ética de luta contra uma situação de marginalização e de privilégios alheios. As maiorias precisam de sua própria ética para defender seus privilégios, e as minorias precisam de sua própria ética para defender-se do assédio implacável que sofrem das maiorias. As autoproclamadas éticas universalistas ou os ideais da humanidade ou os panfletismos religiosos apenas encobrem os interesses de uma maioria dominante ou de uma minoria que se apropriou do poder e do controle. Elas desprezam assim qualquer ética minoritária porque não é universalizável, não é válida para todos, quando o que acontece, simplesmente, é que as éticas minoritárias alternativas têm sido criadas para acabar com a sua situação de controle e privilégio, com a sua monolítica representação de interesses comuns com a qual alguns, como nós, não se identificam.

Sempre foram necessários discursos éticos ou políticos minoritários porque cada minoria deve enfrentar uma circunstância específica, inscrever-se em determinada área social, aspirar ao que lhe permitem etc. Quem sabe o que nós desejamos, queremos, o que nos importa, tudo o que nos falta? Quem sabe o que nos acontece e de que necessitamos e que provavelmente não se podem responder essas perguntas com discursos usuais? E não é só responder, mas reivindicar, exigir, expressar, de outro jeito que talvez seja uma porrada, uma ação direta, uma performance, outros modos de reclamar diferentes da negociação, da súplica, da exortação ou da fala mansa. Somos umas poucas, umas quantas bixissapas, umas quantas trans. Inclusive somos umas poucas inseridas à força dentro de outras poucas que são muitas, ou pelo menos mais do que nós, com as quais nem sempre ou não necessariamente nos identificamos, mas nem por isso estamos nos opondo a elas. Se, além disso, considerarmos que a maioria heterossexista, homofóbica, patriarcal, familiarista nos é hostil, tenho mais motivos para crer que é urgente e necessária uma ética particular, uma ética bixa, uma Ética LGBTQ, uma ética que pode ser às vezes uma estratégia de felicidade, outras de luta, de resistência, orgiástica, de reivindicação, de curtição, de tomar umas cachaças, de dissimulação, de ameaças, de folia, de uso dos nossos corpos etc. Que ninguém venha nos dizer quais estratégias, comportamentos, programas políticos ou atitudes éticas são mais adequados e convenientes para conseguir nossa meta ética primordial: a felicidade de nosso pequeno número de carentes, promíscuas, sem-teto, marginalizadas, perseguidas, torturadas, desocupadas, imobilizadas, despejadas, censuradas.

Uma vez escrevi em algum lugar uma frase que me disse minha amiga Beatriz de Sevilla: em todas as minorias tem sempre uma maioria de idiotas. Continuo concordando bastante com esse pensamento rebuscado e maligno. Cada bixa, sapa, trans pertence, por sua vez, a uma maioria ou a várias maiorias, e a uma ou a várias minorias diferentes da sexual. Existem bixas ciganas, negras, católicas, do PP, milionárias, de Lavapiés, neonazis, de Chueca, militares, freiras, professoras, okupas, catalãs, estremenhas, merengues:[5] cada uma com seus interesses de classe e outros interesses particulares, aos quais dificilmente querem renunciar. E sabem perfeitamente que o fato de serem bixas pode prejudicá-las em outros tipos de reivindicações. Não podem deixar de pensar que o fato de ser uma bixa solidária pode acabar se voltando contra elas. Uma ética bixa serve, entre outras coisas, para dar um chacoalhão nos grupos majoritários, nas muitas bixas que não enxergam mais do que o próprio umbigo, de seu conversível e de seu escritório no partido, de sua empresa. O eterno problema: como ser bixa e renunciar aos meus interesses de classe prévios, herdados, familiares, em que fui criado e em que sempre me senti muito à vontade? Os comunistas de toda a vida, a esquerda mais rançosa daria um jeito nisso de uma vez por todas: as bixas são burguesas, suas reivindicações são

---

5 PP: Partido Popular, partido político conservador; Lavapiés e Chueca: bairros de Madri, referentes geográficos para a comunidade LGBTQ; okupas: ver nota 3; estremenhas: da Estremadura, região espanhola; merengues: torcedoras do Real Madrid. [N.T.]

meramente culturais, contingentes, seu inimigo – a homofobia – efetivamente não é o nosso – o capitalismo –, inclusive não é incompatível ser de esquerda e ser homofóbico porque as bixas são filhas do capitalismo e do mercado, vamos apedrejá-las etc.

Eu, como bixa, sempre caguei e continuo cagando para essa esquerda machistinha, misógina e homofóbica que está longe de pertencer à história. E, como votante eventual da esquerda, e me sentindo mais próximo de seus programas do que do de muitas bixas adeptas ao euro (pride), de certo modo aprovo este contínuo estar sob suspeita a que a esquerda nos submete. Outra coisa é passar da vigilância ideológica ao genocídio, à cadeia, ao paredão, à perseguição, à proibição a que nos submeteram e nos submetem os regimes comunistas do passado e do presente, de todos os tempos. Com o tempo me convenci de que as bixas temos algo de cabras, sempre acabamos escalando a montanha do consumismo, da falta de solidariedade, da conquista egoísta de privilégios privados, temos pendor para a conivência com o poder, para pisar no pescoço de quem está por baixo. Por isso sempre volto a uma ética bixa em que nem sempre prevaleçam os interesses de classe e os privilégios de berço, uma ética que não compartilhe os pressupostos das éticas universalmente aceitas, sancionadas socialmente, majoritárias, somente porque se considera que elas defendem reivindicações mais globais, mais gerais, mais comuns. E que se erigem sobre as ruínas, que para mim são essenciais, constitutivas, irrenunciáveis, do fato fundamental de ser bixa, sapa ou trans – considerado acessório, particular, um aspecto vital entre outros, compatível com quase tudo.

Se sempre prevalecerem outros e outras convicções que ninguém questiona, vamos nos dar muito mal. Principalmente as que sempre se dão mal. Vão continuar se dando mal as que sempre se dão mal. Bixas ou não. E se ser bixa não serve para tentar mudar isso que é tão velho, para que diabos serve? Lógico, para perpetuar situações de opressão, marginalização, exclusão e desigualdade social. Pois para isso não precisava de tanta preparação. Eu não quero ser bixa para que nos convertam em instrumentos de poder do capitalismo e do mercado. Isso me enoja. Quero que me joguem na cadeia ou me coloquem sob suspeita, como faz a esquerda homofóbica com as bixas proto-, cripto- ou filo- burguesas. Se temos um comportamento não solidário e filho de uma égua, não temos direito de nos queixar depois, nem de levantar a bandeira da sodomia para evitar os maus tratos. Isso não é fazer apologia à perseguição das gays *barbies*. Somente à perseguição por serem *barbies*. Nem às declarações panfletárias bolcheviques convertendo todas as *barbies* em bixas. E, aproveitando, todos os empresários em travestis e todos os proletários, assalariados e desfavorecidos em heterossexuais honrados e pais de família. O que a honra pode ter a ver com o que cada um faz com o seu cu ou com a sua xana?

Ainda assim... não posso deixar de sonhar com uma comunidade bixa na qual o que cada um faz com seu cu inclua e determine, sim, a forma como integra a sociedade. No fim das contas, diriam os psicanalistas, toda ética é anal, oral ou fálica. Uma ética bixa deverá, decididamente, ser anal: uma Analética, para dizer uma besteira. Tal é a força da marca neoliberal e neoconservadora do milagre americano, do sujeito que faz a si mesmo, do cidadão ilustre que pesca seu próprio peixe à base de esforço e vontade, que se torna quase impensável começar a forjar e criar uma comunidade ética bixa que não esteja baseada nesse sujeito egoísta, solitário, voluntarioso e supostamente autônomo, independente e responsável por seu próprio destino. Acreditar nesta falácia é só mesmo para aqueles a quem convém identificar-se com um sujeito assim, para aqueles que se beneficiam da reafirmação desse mito. Diante desse sujeito liberal onipotente – cujo fracasso social ele atribui só a si mesmo, à sua indolência, à sua apatia, à sua incapacidade e não a causas ou raízes sistêmicas de exploração e opressão –, deve surgir outro sujeito, que não se concebe como sujeito senão a partir de um *pertencimento prévio a uma comunidade*: pertenço, antes, a uma comunidade, a uma minoria; depois, por pertencer a esta minoria de bixonas e transapas, posso ter acesso à posição de sujeito, que já será, de saída, um sujeito solidário, inscrito em uma comunidade que o constitui, uma comunidade que não é feita por ele, mas que o faz, que lhe dá vida, existência, carta de cidadania. Uma comunidade que o converte em um sujeito bixa e que o livra de ser um mero sodomita, uma simples comedora de bucetas. Esse pertencimento pré-subjetivo faz com que ser bixa, trans ou sapa não sejam predicados acidentais que advêm a um sujeito preexistente, mas a condição de possibilidade mesma de nosso ser sujeitos, cidadãos, integrantes da sociedade de modo pleno e não posteriormente adicionados a ela. A gente não é bixa e depois se identifica ou deixa de identificar com um coletivo gay, com a comunidade LGBTQ. *Não somos nada antes de ser bixas.* Quando é que vamos perceber que primeiro, ainda muito pequenas, já éramos viadas, sujeitos assujeitados e excluídos de qualquer representação e papel social? Somente a partir daí, dessa experiência primordial que gostamos de deixar no esquecimento, podemos construir algo agora. O discurso oficial parece dar a entender que isso de ser bixa ou participar de algum rolê bixa é uma decisão que aparece tardiamente em nossas vidas de profissionais, trabalhadores, mendigos ou desempregados – quando justamente está na origem, antes de nos convertermos em qualquer coisa.

Todas as bixitrans, quando ainda pequenas alguém lhes pergunta o que querem ser quando crescerem, deveriam responder: "Quero ser sapa, bixona, transexual. Quero poder me tornar um sujeito político real, capaz de intervir na sociedade a partir do meu ser lésbico. Estou me lixando se, depois, a inércia das coisas me levar a ser bombeiro ou DJ: isso é acidental. Quando for adulto gostaria de estar pleno e viver solidariamente a bixa que trago dentro de mim. Se em algum momento da vida me esqueço disso e me torno um taxista com práticas sodomitas, advogada cola-velcro, bombeiro travesti e acabo pensando que a minha vida sexual é privada e que o verdadeiramente socializável e público é tudo o que depende do meu status, da minha classe, da minha situação laboral, dos meus laços familiares, então deixei na sarjeta a lésbica bixa maravilhosa que ainda não sou, mas adoraria chegar a ser quando for adulta". Então, já estamos carecas de saber, para não ficarem indefesas, essas crianças marxistas se agarram, desde muito cedo, à segurança que o pertencimento a alguma maioria dominante lhes oferece, se refugiam e se camuflam na segurança de pertencer a uma maioria para evitar o *bullying*, por exemplo, e assim acabam submetendo seu desejo, sua idiossincrasia, que vão convertendo em algo secundário, vergonhoso, privado, marginal em suas próprias vidas. Já terão mordido a isca dos privilégios de pertencer a uma maioria e já terão experimentado as desvantagens de ser uma minoria socialmente estigmatizada.

Essa bixa desgraçada que se refugia na parcela de poder que ficou ao seu alcance (porque é rica, porque se deu bem com o táxi, porque recebeu uma herança, porque comprou um apê, porque é funcionária, porque se ligou a um partido) já está pronta, disposta e prestes a oprimir todas as bixas que não sejam como ela, que não tenham tido a sorte ou a capacidade de trabalho que ela teve, que não tenham sofrido da sua síndrome olímpica. E não vai se importar em discriminá-las, humilhá-las, desprezá-las em razão de seu pertencimento a uma maioria opressora (militar, universitária, católica, rica, aristocrática, proprietária). E ainda responsabilizará todas as lésbicas, trans e *drag queens* por um fracasso que ela mesma buscou: ela fará da pobreza, da precariedade, do desemprego de suas congêneres desviadas uma consequência de suas vidas desregradas, ociosas, irresponsáveis. Se ela é bixa e venceu, por que vai ter que se solidarizar e se preocupar com as bixas que não o conseguiram, quando ela é prova viva de que, sim, é possível vencer? E certamente ela termina votando na direita para manter suas grandes conquistas unipessoais, que não está disposta a dividir com ninguém. Esse gênero de discurso, esse discurso de gênero é o mais oposto ao que posso entender por uma Ética LGBTQ. Que vai ver não sei bem o que é. Mas sei que isso é que não é. Sei que nós precisamos dela, que muitos já trabalham, se associam, fazem grupos alternativos por uma ética bixa na contramão do Neoliberal Sodomita.

EU SOU EU E MEU PUTO CU

...diz o neoliberal sodomita, emulando o fascista elitista de Ortega y Gasset. Eu sou eu e minha circunstância... privilegiada. Eu sou bixa em circunstâncias direitizadas. Duas opções: ou você se adapta às circunstâncias e negocia e se torna escravo do poder em troca de gratificações, ou muda as circunstâncias. Tanto num caso quanto no outro, o seu "eu" terá mudado. Seu eu bixa terá se volatizado no primeiro caso, e se convertido em um sodomita neoconservador. Na segunda suposição, você vai cagar para os mortos de Ortega e o liberalismo, se negará a dizer a barbaridade política antissolidária "eu sou eu", "ego sum qui sum", reconhecerá que "eu somos as bixas", que sem bixas não é possível sequer o amanhecer de um eu, que qualquer espaço de liberdades concebíveis não nasce do eu, mas da comunidade em que nasce o dito proto-eu, à qual você é adicionado e deve, responsavelmente, decidir pertencer, e com a qual vai colaborar.

E depois estão as circunstâncias. Só que as circunstâncias nunca vêm depois: estão definidas de antemão e aterrissamos nelas ao sair do útero materno. E o que sai do útero não é um eu. Não em todos os casos. Depende de quem seja sua mãe, de sua família, de seu dinheiro, de sua classe. Às vezes nascerá um eu. Às vezes nascerá um sem-teto, às vezes nascerá uma sapa, uma trans. "Eu sou eu e minha circunstância" é algo que somente um indivíduo magnificamente instalado no tecido social pode dizer: tanto nasceu em berço de ouro que traz um pão, um eu e circunstâncias magníficas debaixo do braço. Alguns nascemos só com um pão e umas circunstâncias, mas sem o eu, despolitizados socialmente desde muito cedo. Outras nasceram só com umas circunstâncias debaixo da axila: sem pão nem eu, nem capacidade de reinvindicação, de ser escutadas, só chutadas. Nada podem dizer além de: "São as minhas circunstâncias", nem sequer "Sou minha circunstância", porque a circunstância também não é "sua", foi-lhe imposta, a circunstância pertence aos que não são como ela. Expropriada de seu eu, de sua circunstância, tudo lhe foi imposto, dado, ou melhor, tudo já lhe foi roubado, não há nada além de nascer em circunstâncias hostis que outros prepararam como seu leito de espinhos.

Eu sou bixa e minha circunstância é um meio majoritariamente hostil, heterossexual, machista, homofóbico, católico, branco, eleitor do PP. Mas acontece que até dizer "eu sou bixa" é um erro. Porque as bixas já partem de uma situação peculiar: estão desprovidas de um eu, não são sujeitos. Ou compartilham esquizofrenicamente sua qualidade de eu-sujeitos políticos e seu estigma translésbico, compatibilizando-os mal e mal. Uma ética bixa se propõe a acessar uma subjetividade com iniciativa e capacidade política, algo que nunca nos é dado nem presenteado de cima, a partir do poder: tudo que é dado já está desativado politicamente, já é portador do vírus da submissão, da liberdade concedida. Ser livre não é a mesma coisa do que ser libertado.

O que o poder entende ser o cu de uma bixa não é o mesmo que uma bixa entende que é o seu cu. Para o poder somos paus no cu, cus sem eu, sem possibilidade, necessidade ou atitude para ter qualquer iniciativa política. Cus para dar, cus para tomar. Cus que reclamam serviços públicos para não se cagarem pelas calçadas: está bem, vamos dar isso, não queremos que encham tudo de merda. Cus despolitizados. Pois bem, meu cu é coletivizado, que não é o mesmo que ser meu cu. Tenho um cu solidário, o que é diferente de ter um cu que busca seu prazer egoisticamente. Tenho um cu entregue, o que é diferente de ter um cu vampiro. Tenho um cu engajado, incapaz de foder com necas anônimas, de direita, depauperadas, imigrantes: dando na mesma para ele. Ou, ao menos, essa é a ética à qual aspira, sua analética.

Já sabemos aonde nos conduziu a ética racional, a ética cerebral; da mesma forma, a porra da ética feita com o cu nos resulta menos prejudicial, mais imediata, mais franca, mais carnal, mais arruaceira, mais animal, mais voltada para as necessidades básicas das pessoas que andam com a bunda de fora. Andar com a bunda de fora não é uma decisão que se toma numa *night* com a libido nas alturas, fazendo sexo em um local qualquer. Andar com a bunda de fora é algo que deve nos fazer pensar que nós, bixas, e a galera mais desfavorecida temos algo em comum, muito além dessa metáfora obscena. Isso é tão antigo que, se eu disser de outro modo, alguns vão me entender e vão ficar sabendo o que é uma política feita com o cu: a Revolução Francesa se fez com o cu, a fizeram – e perderam – todos os que andavam com a bunda de fora, os *sans-culottes*, que não tinham nem calças compridas e vestiam os *culottes* pelos joelhos, os únicos que o Antigo Regime lhes permitia. Converter isso na bixa com calça *cowboy* e reduzi-lo somente a isso é algo que não me parece nada ético e completamente frívolo. Dar o cu ou andar com a bunda de fora é uma situação estrutural de submissão, opressão, discriminação – que podemos retomar em primeira pessoa e fazer nossa, claro, e usar nosso cu como bem quisermos – mas sem esquecer o que significa para a maioria, para a maioria que nos tem por cu e para a minoria que está com a bunda de fora, sem teto, na carência, sonhando em ganhar mil euros por mês,[6] e por vezes conformando-se com a metade desse valor.

Eu sou eu e meu puto cu. Como se o seu cu fosse seu. Se tem alguma coisa absolutamente incompatível com a propriedade privada e a circulação de capital é o seu cu. O que não impede que haja pessoas que façam dele uma mera circulação de capitais, alheia a qualquer reivindicação social ou política. Eu sou eu e meu puto cu é o lema da sodomita neoliberal conservadora. O que se pode esperar delas? O máximo que podemos esperar das sodomitas despolitizadas no poder é que lutem contra ou, pegando mais leve, que não consintam, ou mais leve ainda, que não pratiquem elas mesmas a discriminação em razão de sexo, gênero, opção etc. Já é um avanço. Das sodomitas homofóbicas metidas na política, bispados, quartéis e parlamentos já nem falo. O lado problemático do assunto é que essa gente não vai permitir que te agridam ou te marginalizem por ser gay, lésbica ou trans, mas elas vão consentir, e não vão se abalar, e não vão sentir compaixão nem solidariedade alguma se essas mesmas bixas forem marginalizadas por serem imigrantes, negras, sem documentos, desempregadas, sem moradia digna, doentes de aids. Enquanto não sofra homofobia, a sodomita insolidária não vai considerar que seu dever ético e político é mudar as circunstâncias sociais de opressão que sofrem as bixas, sapas, trans, imigrantes, trabalhadoras do sexo etc. De que serve a luta contra a homofobia se ela não for acompanhada de uma luta contra os meios de exclusão social? Para começar, para lavar a cara do poder. Para se aliar a estratégias neoliberais que respeitam as bixas mas não se preocupam por seu bem-estar social, que mudam os documentos das pessoas trans mas não lhes facilitam uma cobertura integral

---

6 No original usa-se a palavra "mileurista", que designa os europeus nascidos em torno da década de 1970, que tiveram acesso à formação superior, mas recebem em torno de mil euros mensais. [N.T.]

da segurança social e ainda as encaminham para a psiquiatria, colocando-as de volta no armário da doença mental. Uma ética bixa tem que dar conta desse absurdo ideológico, desta hipocrisia: faça o que quiser com o seu cu, mas sem casa, sem trabalho, sem documentos, excluído socialmente.

Creio apenas que está na hora de criarmos outra ética, nascida de um *éthos* muito particular no qual nos inscrevemos como ninguém mais. Um *éthos* deixa de ser o mesmo se nele vivem uma bixa ou um hétero, um negro ou um cigano, uma trans ou uma judia, uma universitária ou um operário. É preciso, em primeiro lugar, conseguir ser "eu", desenvolver um "eu-bixa" e levar suas potencialidades ao máximo e, em segundo lugar, fazer nosso *éthos* mais habitável, mais agradável e acolhedor, mais seguro, menos discriminatório. Embora a repressão institucional, neste país, já não seja de prisão, de pena de morte, ainda te insultam e te assediam pelas ruas, pelas cidadezinhas, em bairros e ambientes que é melhor não frequentar, nas delegacias. E não acontece nada. Ninguém diz nada. Não importa quanta cobertura legal a gente tenha, a realidade ainda é outra.

A porra do povo espanhol é homofóbico até as tampas, e isso não se conserta com leis nem com perda de pontos na carteira. Temos menos direitos do que qualquer um, e somos os menos defendidos, daí que a ética da qual nascem esses direitos, a ética democrática ocidental do progressismo, não pode ser a nossa. É necessária uma ética para bixas, não esta que nos envolve, da qual participam nossos representantes e coletivos subvencionados. Uma ética bixa alternativa que por ora é só uma propaganda, uma promessa, a necessidade imperiosa de outro discurso ético não tolerante nem piedoso, uma ética para muito em breve porque já está sendo forjada e estão se unindo sensibilidades e grupos. E falta muito pouco para ela estar aqui e habitar entre nós. Eu creio nela. Eu a quero. Eu a anuncio. Eu a assino. Eu morro de vontade. Eu posso inventá-la agora mesmo se for preciso, aqui, diante de vocês, do jeito que eu conseguir. Eu me arrisco por outra Ética LGBTQ. Nós a merecemos. E também a merecem aqueles que cairão sob o enorme peso da sua justiça, do seu atrevimento, da sua sem-vergonhice, da sua honestidade, do seu não ter nada a perder porque andam com a bunda de fora.

Não há mais justiça nem ética além da que nasce das ruas, das balsas de refugiados, dos bairros, das praças, da opressão, de um par de nádegas nuas. Diante disso não há argumentos. Mesmo que você morra de tesão, este cu não está à venda, você não pode pagar por ele, ele não tem preço, é inegociável, não é para você: é um cu coletivizado, comunitário, solidário, okupado, intratável, impenetrável apenas para o poder, para aqueles que confundem o poder com enrabar. Cague para todos eles! – poderia ser a primeira palavra de ordem de uma Ética LGBTQ. Atole em peidos as sodomitas neoconservadoras! – o segundo mandamento. E ambos se resumem a este: Coletivize logo de uma vez o puto do seu cu! Para aqueles que não são amigos das prescrições éticas, das palavras de ordem ou dos mandamentos, me ocorre essa outra possibilidade: "Bixas solidárias porque sai do nosso cu!".

O que é ser bixa?
Um pouco sobre como eu vejo as coisas

Não se nasce bixa, torna-se bixa.

DITADO POPULAR

BIXAS HOJE

Que coisa mais rançosa isso de "Bixas Hoje". Parece o título de uma revista destinada ao nosso consumo. Ou um cartaz para pendurar na Almudena:[7] "Cristãos Hoje", "Homofobia Hoje". Eu acho que neste país de merda, no Estado espanhol, na Espanha Sodomita, herdamos atitudes covardes, comportamentos obscuros e estratégias defensivas dos tempos em que a direita dava golpes de Estado, mantinha ditaduras, matava a oposição, obrigava-a a construir monumentos sacros e não ficava dando sermões democráticos, apostando em triunfos eleitorais, tomava Madri na bomba, metralhadora na mão, e preferia passear gloriosamente sob arcos de triunfo em desfiles militares em vez de sair na capa da *Zero*.[8] Mas a direita de agora já nasceu na democracia e não tem nada a ver com aquela e não pode ser acusada de nada nem responsabilizada por nada? São coisas diferentes. Então tivemos uma ditadura há apenas trinta anos e já não há responsáveis, estão todos mortos ou se batizaram nas águas da democracia. Num país como este, que vai buscar a unidade da Espanha em Dom Pelágio das Astúrias, nos Reis Católicos, que considera espanhóis Avicena e Averróis, Trajano e Adriano, os reis godos, mas não os reis de Granada

7 Catedral de Madri. [N.T.]

8 Revista direcionada para o público gay. [N.T.]

nem nenhum outro mouro de então ou do Lavapiés atual, seria necessário tomar algo para a memória. Eu não sou responsável pela ditadura, mas sou tão espanhol quanto Isabel, a Católica. Esses saltos na memória me parecem preocupantes. Não entra na minha cabeça que os fascistas não se sintam responsáveis pela ditadura que montaram e que é parte do seu legado histórico, é deles, de mais ninguém, pertence à sua herança, assim como o rei não é Bourbon para umas coisas e não para outras, mas Bourbon para tudo, Bourbon reinando e Bourbon cagando, Bourbon dormindo e Bourbon esquiando, Bourbon franquista e Bourbon democrata, ou por acaso ele praguejou contra a barbárie bourbonística neste país e cagou para todos os seus antepassados? Eu acho que não, acho que ele assume seu sobrenome, sua herança, sua linhagem e não fica fazendo distinções: nele se resume e nele se cristaliza a tradição bourbonística na Espanha. E seria um irresponsável se renegasse o seu sobrenome e de alguns de seus familiares regentes.

A segunda coisa com relação à ditadura ter ficado sem herdeiros – parece que morreu sem deixar testamento, o que é uma grande mentira, pois assinalou seus herdeiros pela lei com nomes e sobrenomes – é que, ainda que os fascistas não se identifiquem com os fascistas da ditadura e não se mirem neles, eu me sinto identificado, sim, com as bixas da ditadura. Eu me identifico com as bixas da ditadura, e olha que elas também não eram (todas) democratas! Os fascistas se identificam apenas com os fascistas democratas, não com os genocidas. Eu me identifico com as bixas quase diria que de todos os tempos. Apesar delas, contra elas, por elas, contra mim, engolindo em seco às vezes, mas é o que faço. Eu me identifico até com as sodomitas neoliberais e lutarei por elas, promovendo uma sociedade que as faça impensáveis e absurdas, e na qual elas possam ter uma vida digna eticamente responsável e não devedora de empréstimos ideológicos espúrios.

É isso: as bixas sabemos, sim, fazer história e recordar, enquanto que os fascistas têm lapsos. Eu sou esta bixa que escreve, a bixa que tinha sete anos na Transição,[9] a bixa fuzilada, encarcerada pelos fascistas na ditadura. Mas o fascista é só este fascista democrata, tolerante, sorridente, não diretamente homofóbico, aquele que não se importa em ser capa de uma revista bixa: não é nenhum fascista do passado porque não tem passado, nem sobrenome, não se reconhece em seu pai, nem em seu avô, ainda que ele tenha tomado Madri. Não sei. Eu me reconheço em meu familiar fuzilado, mas você não se reconhece no seu familiar que o fuzilou. Eu me reconheço na bixa espancada, mas você não se reconhece em quem a espancou. No final, as bixas temos mais passado do que os fascistas.

E isso é mentira. Aposto meu pescoço que os australopitecos eram uns putos de uns homofóbicos de merda, e os neandertais uns nazistas, e os cro-magnon uns machistinhas do caralho. E isso porque nem eram *sapiens*. Mas a homofobia atravessa todo o gênero *homo*. Demência. E ainda por cima ressuscito as duas Espanhas. Por que a esquerda continua falando da guerra civil e a direita não, e ainda acusa a esquerda de mau gosto por tirar os mortos do túmulo e recuperar a memória histórica? Porque a memória não é uma coisa para sepultar ou não, ela está aí, sempre, quer você goste ou não, quer se reconheça nela ou não.

E a história não pode ser apagada como se apagou a República, como se apagaram aqueles que perderam a guerra, como se apagaram milhares de bixas na ditadura. Eu digo que alguém fez isso e alguém é seu herdeiro.

Nós somos herdeiros das bixas franquistas. De toda espécie. Claro que havia uma porção de padres, militares, políticos ligados ao Movimento das Bixonas Perdidas. E bixas

---

9 Período entre o final da ditadura de Franco e o estabelecimento da democracia, na década de 1970. [N.T.]

revolucionárias, clandestinas, comunistas, catalãs, fundadoras de tudo (do movimento bixa em plena ditadura, do Real Madrid, da Feira de Sevilha: nos deixaram coisas boas e não tão boas, é bom que se diga, não se pode sair fundando coisas ou assentando as bases de identidades a esmo, porque logo vêm outros e tomam conta), espancadas à direita e à esquerda. Eu me considero herdeiro de todo esse legado bixa revolucionário, oprimido, colaboracionista, franquista, clerical: é uma herança complicada, mas se você ficar com o quadro do avô, vai esconder a coleção de troféus de caça, ou se quiser vai jogar fora, mas é você quem vai jogar. Nós bixas temos neste país uma herança que fede bastante a merda. Não sei como estávamos na República, com certeza fodidas; neste espaço geográfico que habitamos nunca houve tempo muito glorioso para as bixas.

Agora estamos como nunca estivemos. Ainda estaremos melhor, mas... é melhor não mexer na bosta, não pedir maçã ao limoeiro, não forçar tanto a barra... esta é justamente a nossa merda de herança! A porra do medo. Pedir o exato necessário, que nada tem a ver com exigir o justo. Herdamos o cagaço das bixas franquistas em tempos bem melhores que aqueles. E não é porque não houvesse bixas franquistas que não moveram uma palha e vinham exigir o justo. Mas isto parece que não herdamos. Somos umas submissas de merda. Coladas ao poder heterossexista. Com medo de exigir algo além da conta que os faça fechar violentamente a torneira, que eles se cansem de nós, que nos deem um esporro aos gritos, um baita de um pito, que tenhamos que abaixar a cabeça e ainda temendo ter despertado o receio, a desconfiança e a raiva do patrão. Agora andamos aí metidas: aqui já não se pede mais nada para o governo, não há mais nada "razoável" para reivindicar, nos damos por satisfeitas, agora é a vez da Europa.

Logo vou falar disso novamente, e sobre os Pactos da Moncloa, agora queria apenas tratar um pouco da nossa herança, em muitos casos desconhecida, das bixas do franquismo. Essas coisas marcam o caráter, e nós, bixas espanholas, temos muito desse caráter de não confrontação, de não esticar demais a corda. E nossos coletivos sofrem disso e por isso mesmo precisam mudar radicalmente e fazer pedagogia de cima pra baixo, mobilizar novamente as pessoas em vez de mandá-las salvar a Europa. Porra de país de evangelizadores e conquistadores. Em que caralho foi que acreditamos? Haja saco, agora é libertar a Europa. Que Grande Pátria! E as bixas como trouxas lá vão contribuir com a grandeza da Espanha. E mais essa, como as bixinhas são espanholistas e centralistas.[10] Assim que surge algum coletivo lésbico ou gay um pouco mais de esquerda, tenta-se estabelecer laços andando ao lado de bascas, navarras, galegas, catalãs e gibraltarenhas porque aqui é impossível respirar.

Essa é (parte de) nossa herança: termos nos convertido no modelo ideal do *españolito* médio dos tempos de ditadura. Despolitizado, amante do seu país, temeroso do poder, incapaz de rebeldia, pronto para ajoelhar quando chovem cassetetes, negociador folclórico que canta música espanhola para ganhar um recanto de sobrevivência, incluindo pequenas benesses, agradecido quando aliviam um pouco o pé no seu pescoço, devotado quando lhe fazem um par de leis. É esse o nosso ponto de partida, que levamos marcado a ferro e fogo. E os coletivos também. Há outras heranças. Revoltadas, indômitas, de gente rebelde, bruta, intratável, quase heroica. As instituições gays e lésbicas estão se reapropriando delas. Estão apagando-a. Querem ficar com tudo. Chegam a dizer que tudo o que se conseguiu se deve exclusivamente a seus cus apáticos, amigos das repartições ministeriais, das secretarias de Estado e dos partidos políticos. Penso eu que as sapas e bixas radicais vão ter direito ao seu quinhãozinho de herança. Ainda que seja a legítima. Mas os grupos que ficaram

---

10 Correntes políticas favoráveis à unidade espanhola e contrárias às autonomias regionais. [N.T.]

parecem ter optado pela condição de irmãos mais velhos, mesmo não sendo os primogênitos de nada, mas os últimos a chegar. Enfim, esta é outra guerra intestina. Mas fica aí. Tudo anotadinho. Para isso existem as velhas, para armar arruaça nas ruas da cidade: "Esse filho da puta, o pai dele fuzilou a metade do bairro e agora vem aqui pedir nosso voto!". Nós, velhas, sabemos muitas coisas e sabemos quem é quem.

Outro assunto terrível é a responsabilidade enorme e funesta que todas nós temos por termos deixado se perderem tantos e tantos testemunhos das bixas que viveram a ditadura e a Transição. Porém as teses universitárias de gays, lésbis e trans estão sendo escritas há muito pouco tempo. A gestão dos arquivos dos coletivos também é desastrosa, falta de meios, incapacidade de acesso, excesso de sigilo: novamente, apagar qualquer sinal do que fomos e continuamos sendo. Se agora aparece o Bloco Alternativo, alguns vão achar que surgiu do nada esse bando de doidas. Aos arquivos! E claro que vai aparecer uma genealogia escondida propositalmente durante os últimos anos. Mas as irritações, a herpes, as espinhas no cu são algo recorrente, você acha que se foram, mas estão aí, ficam como residentes, e reaparecem quando menos se espera. Nem precisa estar com as defesas baixas. Nada a ver! No meio da Europride, dos coletivos cheios de orgulho e satisfação, dos coletivos de gays e lésbicas sem posicionamento, de repente sai uma erupção: o Bloco Alternativo. Gente nova e velha, mas que compartilha a mesma coisa: estão igualmente fartos e pouco adequados ao que há. Vamos ver quanto dura essa gente linda. Eu estou encantado. E não me preocupo se acabam se dissolvendo. É como eu digo: os fenômenos incômodos são recorrentes... até que sejam sistêmicos e os intervalos entre uma recaída e outra sejam menores. Eu, no momento, no Orgulho[11] sempre sou mais Barcelona.

11 Parada do Orgulho LGBTQ.[N.T.]

As bixas, sapas e trans, também somos isso, somos FELGT, Cogam, Triángulo, o coronel, Colega, o padre Mantero, o caso Arny (o que o PSOE[12] fez, alguém lembra? Tem alguém vivo para nos contar?, aquele PSOE não era este PSOE? Aquele PP não era este mesmo PP? IU sempre manteve uma posição institucional um pouquinho mais digna, mas não é o caso de soltar rojões), a COFHLEE, LSD, a Radi, Escalera Karakola, o recente Bloque, o FAGC, Ehgam, GTQ,[13] bixas desmobilizadas, sozinhas, enfim, um monte de coisas extintas, sobreviventes, recém-nascidas, de direita, de esquerda, ricas e pobres, juntadas e comprometidas, odiosas e encantadoras. Ninguém é herdeiro, a não ser a direita, de um aglomerado ideológico, histórico e humano coerente ou unitário. Não sou eu que vou me atrever a dizer qual é o denominador comum de todo o movimento translesbigay de quarenta anos para cá. A sodomia, as tesouras, as plumas, a Chueca ou o Lavapiés, o Gayxample ou o Raval? Ora, chega! O que tenho mais claro, isso sim, é que a lorota da "unidade de todos e todas" eu não compro.

A DESUNIÃO FAZ A FORÇA

Estou até a buceta dos discursos que acabam sempre aterrissando na "unidade". Isso, sim, é a parte do leão da nossa herança. A ideia de que, se nós somos "um", somos maiores e livres, será que já não significa mais nada para ninguém? E, contudo, é o único discurso pseudopolítico que se escuta entre as bixas coletivizadas, no parlamento, na mídia. A única política que se faz neste país da porra é a da unidade, suponho que seja para recordar tempos melhores, os da ditadura, quando todo mundo estava muito unido e a Espanha era livre e grande. A unidade das bixas, a unidade dos democratas diante do terrorismo, a unidade

12 Partido Socialista Obrero Español. [N.T.]
13 Organizações, personagens e eventos ligados ao movimento LGBTQ. [N.T.]

da esquerda, a unidade do voto útil, a unidade da puta que os pariu. A unidade dos culhões para mim é um patrimônio exclusivo da direita e, junto com ela, de qualquer grupo de poder que queira consolidar, ampliar e monopolizar todo o poder ao seu alcance. Porque unidade significa sempre exclusão, enviesamento, repressão e silêncio dos que não querem se unir, dos desunidos. A direita se une sozinha. Tem essa virtude, não se fragmenta, ao menos entre nós a direita é monolítica e passa inteira, sem degradar-se, conservada perfeitamente em todas as suas essências de geração em geração. A esquerda, na maioria das vezes, pendeu para a dispersão, a pluralidade, o esparramo, a micrologia, para fragmentar-se em mil pedaços e facções; e depois, quando muito, se coloca o rótulo de "unida" e vamos em frente.

Tudo isto é muito simplista e dito de improviso. Mas é que este livro é um panfleto e minhas análises políticas dão o que têm para dar. Contudo, creio que me faço entender. Por que diacho temos nós, bixas, que herdar esse lixo ideológico da unidade? Por que temos que estar unidas? Unidas politicamente e unidas em matrimônio? É porque neste país risível só se pode sobreviver e acessar um mínimo de dignidade e direitos estando unidas? O que é que tem a ver a democracia com a unidade? Alguém me explica? Pergunto: o que tem a ver a democracia com as bixissapas? Mas isto já é para nota. Outra balela, outro conto do vigário que também ninguém vai me contar é que as bixas estamos melhor na democracia. Dito deste lugar aqui, isso pode ter algum sentido, mas não é porque no Estado espanhol estamos super bem, como nunca antes, que se pode concluir que a democracia é a antítese da homofobia. Por várias razões; a primeira é que o que temos na Espanha e o que se entende por democracia, enfim, está aí. Mas, seja qual for o nosso sistema político, estamos sendo beneficiadas. A segunda é que basta dar um rápido passeio por qualquer democracia vizinha, ocidental, asiática, africana, oceânica, para ver que a homofobia é um valor central na democracia elevado à categoria de lei, costume, tradição e instituição social. Portanto, menos história.

A unidade das bixas, a união faz a força, a união faz a Espanha, a união faz a liberdade, a união faz a paz: tudo isso é escória ideológica. A união sempre beneficia os mais poderosos dentre os que se unem. Uns se unem, se engrandecem, se fortalecem chamando aquilo de unidade, e outros são anexados, absorvidos, metabolizados, apagados do mapa. É possível chegar à unidade de muitas formas: pela força, por imposição, com populismo através de um discurso demagogo num contexto sociopolítico desastroso e de muita carência, para se opor a alguém ou a um grupo, unido para sempre ou conjunturalmente, unido por interesse ou por convicção, unido racionalmente ou visceralmente, por afinidade ou parentesco, por cores ou sabores. Eu não sei qual é a unidade das bixas e muito menos qual deve ser. E ainda menos se deve ser, se elas devem estar unidas: se ser bixa é "estar unida". Para mim, estar-unidas-as-bixas lembra estados-unidos-da-américa, mas isso não deixa de ser uma estupidez. Sim, vejo que talvez tenha chegado um momento peculiar das bixitrans no nosso Estado em que já não existem razões para alegar união, um momento em que se produziu um vazio ideológico fundamental, em que os movimentos majoritários ficaram sem discurso, porque nunca tiveram e porque seu único discurso não era político nem tinha conteúdo, era simplesmente a exigência do matrimônio e a lei da transexualidade. Nos "deram" essas duas leis, e ficamos sem nada para dizer, estamos mais expostas do que nunca aos coletivos desideologizados, e incapazes de conseguir a unidade das bixas a não ser por meio da própria desideologização e da renúncia à qualquer proposta política: estou falando do Orgulho, da "Parada Gay" madrilenha, que me parece um grande sucesso e que é o que deve ser, o que devia ser e o que, pelo menos durante muitos anos ainda, continuará devendo ser. Não vou ressuscitar agora os discursinhos radicais sobre a *peseta rosa*[14] e o *"lobby* gay" porque já aprontamos poucas e boas contra eles no passado. Aquela batalha foi perdida. E reabri-la agora não é assunto meu e, a meu ver, nem coisa interessante. A bestialidade causada por ver um milhão de sapas, bixas, trans e gente estranha tomando Madri, além de ser muito impressionante, emocionante, de fazer rolarem as lágrimas, de fazer algumas se lembrarem de quando não eram mais de quinhentas na Puerta del Sol e outras bagatelas, politicamente supôs um giro decisivo em visibilidade e capacidade de pressão. Eu já estou muito velha para criticar os carros alegóricos. Isso acabou bem. E é uma herança que os de agora têm que receber. Vejam, os ancestrais de vocês fizeram o bairro da Chueca, o Gayxample e o Orgulho Gay, conseguiram duas leis do governo e colocaram um milhão de bixonas nas ruas: aceitem, deixem, mudem, melhorem isso, mas esse é o ponto de partida.

Bem, por isso mesmo já não temos sentido a unidade das bixas. A não ser para uma semana de festa por ano, inventada justamente para não esquentar muito a cabeça, mas para se orgulhar, incomodar, assustar as velhas, provocar, impressionar em número e daí sentar e negociar e poder pressionar um pouco mais. Esse tem sido um caminho, entre outros possíveis. Porque existem outros caminhos. E estão à vista. Eu, pessoalmente, acredito que essa forma de fazer as coisas já está esgotada. Que as pessoas, algumas, alguns poucos, precisam de discurso, de política gay, de menos propaganda e mais igualdade ou mais diferença, de acabar com o hiato entre a Espanha oficial e a Espanha real. Uma atitude que serviu para muito já não serve para mais nada. Tudo cansa, e mais ainda porque o continuísmo já não nos leva a nenhum lugar, uma vez que está muito claro que a torneira

---

14 *Peseta*: moeda espanhola antes do euro. A *peseta rosa* é o poder econômico ligado às causas LGBTQ, fundamentalmente formado por políticos, empresas e imprensa rosas. [N.T.]

das liberdades concedidas fechou para nós. Vai ser necessário fazer outra coisa. É necessário começar a pensar o que é ser bixa? O que pode ser uma política bixa? Há uma ética bixa? O que une a nós, bixas? Ser bixas por acaso não será estar desunidas?

Certamente me acusaram de ser um infiltrado do PP, ou da CIA, disseram que os setores homofóbicos da sociedade me compraram para desunir o movimento gay. É verdade. Recebi muito dinheiro e privilégios da parte dessa gente e da Igreja para desmobilizar os gays, para criticar nossos coletivos e sua gestão, para apoiar os setores mais radicais entre as lésbicas e as bixas e me converter em germe de desestabilização. Eu confesso. Me pagaram. Também recebi dinheiro dos poloneses por parar uma onda de liberação gay espanhola que agora quer irromper sobre a Europa. Eu me declaro culpado. Eu me vendi. E agora? Eu ligo para grana. O Bloque também recebe grana de origem inconfessável. Do Mossad. Vamos continuar. Não vou mais perder tempo com os babacas que dizem: "Não critique tanto o governo que nos deu tanto". Vou voltar já nesse assunto de criticar quem *nos deu tudo*. Também me pagaram para isso.

Existe uma identidade gay ou não? Temos alguma coisa em comum? Eu já estava farto dessa merda dez anos atrás, é fácil imaginar como estou agora. Mas vejo que, periodicamente, seria necessário organizar pequenos encontros pedagógicos, seminários, para que as lésbicas novinhas e as bixas ainda não estreadas retomem esse debate e passem por algo que é necessário para suas vidas. É como se jogasse futebol uma vez e, depois disso, não jogasse nunca mais. Uma vez uma bixa se perguntou se existia uma identidade gay e nunca mais voltou a essa pergunta porque... para quê? Isso deveria estar em qualquer manual de educação de gays, transex e lésbicas. Uns capitulozinhos de perguntas sobre identidade, comunidade, interesses, história etc. Odeio os imbecis que quando veem surgir um coletivo novo, um movimento novo, quando ouvem bixas e lésbicas jovens debaterem, a única coisa que lhes ocorre é chamá-los de bisonhos e dizer que estão reeditando coisas antigas que elas, bixas velhas históricas, já conhecem de sobra e blá, blá, blá. Suponho que sou professor e levo marcado a ferro e fogo isso de ter que repetir o mesmo todos os anos porque a cada ano as pessoas mudam, mas não as suas necessidades de aprender, ler, discutir, fazer as mesmas perguntas: liberdade ou necessidade? O uno ou o múltiplo? Por que há algo melhor que nada? Quem somos, de onde viemos? Isso é mais velho que a roda, e nossas bixinhas e sapatinhas novinhas têm que passar por isso, passar por isso em vez de se jogar nas ruas para foder e não estudar, e têm que repassar coisas que tenham a ver com elas, coisas do seu interesse, que as farão melhores, mais filhas da puta, menos vendáveis, as bixitrans intratáveis do amanhã. Isso ficou asquerosamente paternalista, mas, bom, me desculpo dizendo que é uma briga entre pais, entre velhos sentados em bancos de praça que só têm forças para ver a juventude passar a sua frente e criticar ou suspirar diante do seu transbordante e despreocupado viço. Arranquem os cabelos!

Para começar, a despeito dos que insistem que os gays e lésbicas estamos repetindo uma história muito curta, o fato de um caminho já ter sido percorrido sem levar a lugar nenhum não quer dizer que seja um caminho morto: talvez aquela época não fosse o momento de desbravá-lo, mas hoje é. Talvez a turma nova tenha sucesso naquilo que nós, velhos, fracassamos. E cada geração tem o direito de fazer novamente as mesmas perguntas, de questionar novamente os coletivos que dizem representá-la, de colocar em xeque o empresário gay e exigir dele um código ético, de se perguntar se as bixas nascem bixas ou se se tornam, de repetir a história ou mudá-la: que façam o que der na telha, que inventem, que percorram caminhos novos ou trilhados, que assumam ou cuspam sobre o que deixamos para elas como patrimônio, que okupem Lavapiés e Vallecas para as bixas sabendo ou não que esses bairros eram os quartéis generais das lésbicas e bixonas de esquerda dos 1990. Estou encantado e esperançoso porque percebo certa inquietude e multidões de gente boa LGBTQ com vontade de fazer as coisas, de perder as estribeiras, com vontade de xingar, incomodar, prejudicar e sacanear, uma vontade renovada de ser do contra, de solidariedade organizada a partir de baixo, de desnormativizar os prazeres e os corpos que há muito tempo eu não via e pensei que estava extinta. Já tinha falado isso?

Nós, que ganhamos o sustento com a filosofia (eu, além disso, com subsídios contrarrevolucionários), somos muito resistentes a fazer qualquer debate, ou a dar qualquer questão por encerrada, superada ou estéril, e seguimos ruminando uma e outra vez as mesmas coisas, aula após aula, século após século. A perguntinha do milhão "o que é ser bixa?", "o que é uma lésbica?", "o que é uma pessoa trans?" me dá a sensação de que muitos e muitas vão continuar a fazê-la e o assunto não pode ser dado por resolvido. Sobretudo porque, em cada época, cada um, em seu tempo, vai respondê-la como puder, como permitirem ou lhe como der na telha. Desconfio, e por isso também estou contente, que as bixas de agora nem por um acaso (se) respondem da mesma forma que as bixas da Transição, ou como as bixas de logo depois dela. Sempre houve e haverá gente que se limita a dar o cu, as tetas, o pau ou a buceta e não fazer mais perguntas, nem aos outros, nem a si mesmos. Tomara que se deem bem. Antes essas pessoas eram a minha besta-fera, agora quase tudo me parece bom. Conquanto não sejam homofóbicas, nem classistas, nem racistas, nem misóginas. O que conta é a identidade gay, lésbica e trans que está sendo forjada agora, que é moeda corrente, que está em perpétuo fazer-se, modificar-se, questionar-se, revisar-se, abandonar-se e retomar-se. Tenho medo de participar de qualquer reunião de um coletivo, assim como eu ficava perplexo nos cursos de teoria *queer* organizados aqui e acolá, com o quão antiga eu me via, com a minha artrose ideológica, com as aceleradas, freadas, ultrapassagens perigosas, gols contra, *bungee jumping* conceitual, fidelidades, contradições ideológicas, propostas surpreendentes, radicalismos e conservadorismos de novo cunho que decididamente me faziam muito feliz e também me faziam morder a língua. Se hoje eu escrevo é porque estou contente, esperançoso, porque as novas sapas, as trans e alguma bixa solta me deslocaram, arejaram, regaram e adubaram a minha vontade de dar porrada e porque acredito que isso de perturbar bastante o inimigo interno e externo vai virar moda, vai ter muita força, vai se discutir muito, escrever muito, pesquisar muito e vão aparecer novos discursos que estou desejando assinar. Assustam também as leituras que as pessoas politicamente envolvidas dominam, a facilidade com que transitam por Butler, Lauretis, Foucault, Wittig, Volcano, Sedgwick, Halberstam, a força de seus argumentos. Tudo isso é muito pessoal e autobiográfico. Sinto muito. Não importa a ninguém que eu esteja envaidecido, mas é que dá gosto poder anunciar isto sem que ninguém tenha me pedido, dá orgasmos ver uma esquerda radical bixa superpreparada, hipermotivada, incontrolável, que já está batendo na porta de um movimento homossexual em retirada, jururu, em fuga para a Europa. Pois que vão. Lá há cargos de europarlamentares para eles, e eles estão sendo esperados. Eu já estou vendo os substitutos. E gosto. A esquerda dos políticos está desarvorada. A direita segue como sempre. Mas as bixas têm experimentado uma revolução ideológica e as que riam da teoria *queer*, das feministas lésbicas, e continuavam escrevendo ensaios gay de merda, desfrutando de uns instantes de protagonismo, vão ser varridas. Ninguém as lê, nem as escuta. Elas só falavam abobrinha. Eram publicadas para ver se paravam ou se autopublicavam a partir do poder universitário. De tanto olhar o próprio umbigo e trabalhar para o próprio cu, ninguém se apoia no seu discurso de autopromoção, e suas aparições públicas são, ainda por cima, gongadas.

A direita intelectual homossexual e o pensamento sodomita e bostoniano foram para o saco. A partir de agora, certifico seu óbito. Não vou citar nomes: para isso há os obituários. Não tem lugar para eles no Estado espanhol. Foram expropriados politicamente e seu espaço ocupado por LGBTQs maravilhosos. Ainda veremos algum chilique desta gentalha ou vindo dos coletivos subsidiados. Mas isso não será mais do que fruto do ressentimento nietzschiano e de saber-se tresnoitados a despeito do dilúvio do PP que está caindo. As bixas estão sozinhas quando começam a quebrar a cabeça. O bom do pensamento sodomita é que nunca teve nível, nem cérebro, movia-se por interesse egoísta, oportunismo, alpinismo, promoção pessoal, e eram todas umas tontas perdidas que iam a reboque. Nem estas páginas são ouro em pó, nem eu estou especialmente pronta ou inspirada. Mas, no meu tempo, dois neurônios bastavam para rir e ridicularizar politicamente as fascistas estúpidas que se pintavam de escritoras, ideólogas, historiadoras gays. E dos dois neurônios ainda sobrava um para você ir foder depois. Agora os LGBTQs sabem o triplo, viajaram horrores, estão tomando a academia e metendo suas bucetas nos coletivos e nas instituições. Vamos ver. É que eu vejo uma andorinha e já faço o verão.

O QUE É SER BIXA E A VERDADEIRA ORIGEM DAS SAPAS

O que é ser bixa? Continuo sem responder. E não precisa. Algo que se assentou já irrevogavelmente é o fato de que não há identidade além da identidade política, da identidade estratégica, e que ninguém mais anda buscando essências homossexuais na medicina, na embriologia, na genética, na biologia, na paleontologia, na etologia, na psicologia, em nada. Dou risada ao dizer estas coisas. Onde está o Xq28? Quantos se lembram do que ele é? Não existe mais identidade além da que se opõe à homofobia e à transfobia. Mas isso também já caiu de maduro. A homofobia se ampliou solidariamente e não se pode mais fazer oposição a ela sendo racista, misógino, católico ou classista. Isso parece uma obviedade, mas por nossas latitudes é uma descoberta política muito nova que ainda está se aprofundando e que nos faz continuar desunidas: as bixas classistas burguesas e progre-fascistas da vida toda e o movimento LGBTQ. Essa é a luta. De novo, outra vez, outra luta, com diferente distribuição de forças, com diferente oportunidade histórica, com outros porta-vozes, com outra bibliografia, fartos de outras coisas, com maior precariedade laboral e de moradia, com mais imigração desamparada, com uma Europa esvaziada, com o matrimônio pisoteado, com Navarra perdida para sempre, rá rá rá!

De onde viemos as bixas? Eu de Sevilha, e você? A origem das lésbicas. Pergunta absurda. Vontade de nos fazer perder tempo. Essas coisas, quando muito, servem para se esticar no quarto olhando o teto, colocar uma musiquinha relaxante, apertar um baseado e tirar uma tarde de domingo centrifugando a desconhecida origem da homossexualidade e da identidade gay até que te passe a deprê do pastis. E pelas oito ou nove ficar com os colegas, ou sair sozinho discretamente para caçar, porque os domingos à noite rendem, são um refúgio de intimidade e saem todos os que não arrumaram nada no fim de semana. Isto é muito imediato e, de novo, frívolo. Mas não se pode estar o dia todo militando na ONG e nem em assembleia. Assim eu aprendi. É preciso fazer pausas e tomar um pouco de fôlego entre tanta ideologia sisuda. Você ser bixa e querer ser feliz, e não ligar ou nunca ter ligado de saber por que o seu desejo era diferente, é uma verdade que está na cara. E se alguma vez essa questão das origens captou o seu interesse e inclusive foi a sua obsessão, é porque eles conseguiram tomar a sua cabeça. Só a eles interessa saber por que nasceram esses cogumelos no jardim deles. A procura da origem sempre supôs uma aplicação útil, manipuladora, controladora, de dominação, de deslocamento. Achar a receita de como fazer bixas ou fazer heterossexuais só pode nos prejudicar. Além de ser uma tarefa impossível, o mistério de como surgem as bixas é uma das armas mais brutais que temos contra eles. Nós surgimos e pronto. De repente, no mundo, de todas as crianças que nascem, dez por cento são bixitransapas ninguém sabe o porquê. Vivemos em seu seio e não somos extirpáveis. Bom, sim, podem nos humilhar, exterminar, encarcerar, enforcar. Mas voltamos a nascer. As piores de nós nasceram em famílias modelo, higienicamente heterossexuais e católicas. A bixa, quando nasce, apaga todo o rastro de sua origem. Para começar sai correndo de casa. Uma bixa, por definição, só tem futuro. E presente. Sempre houve bixas, sempre haverá bixas. Somos mais indigestas que um cozido. E em cada arroto histórico somos diferentes. Agora vem a linguiça. Este tem sabor de feijão. Aqui está o toucinhooooo! Repetição e diferença. Iterabilidade. Performatividade. Isso é da Butler. O exemplo do cozido é meu. À força de nos repetirmos, vamos mudando, querendo ou não. A única origem é repetir, repetir, bixas repetidas até o cansaço e que se transformam à força de repetir a si mesmas.

Somos diferentes? Temos algo que nos torna especiais? Não me interessa se alguma vez em nossa vida fomos o bom selvagem, incontaminado, a essência pura de uma bixa nascida não socializada, numa ilha deserta, criada por lobos como Mogli, se é que ser bixa é genético e não social. Para mim não dá. O que está claro, sim, é que desde pequeninos jogamos em duas frentes e habitamos o mundo de modo perverso e cindido, mais ou menos esquizofrênico, criando estratégias de socialização, sobrevivência, negociação, ocultamento, dissimulação, visibilidade e política muito peculiares e absolutamente inovadoras que cada um tem que inventar individualmente na solidão da infância, mas que somos capazes de reativar e de aproveitar coletivamente. O *ser bixa* talvez deva ser construído para deixar de fora muita gente que fala como se fossem nossos porta-vozes e nos dá ânsia de vômito. Recuperar o conceito, a categoria, o termo, a palavra *bixa*, impermeabilizá-la e torná-la estanque para que os insolidários sejam qualquer coisa menos as bixas, os simples sodomitas de merda que são, prontos para se venderem pela melhor oferta e para ficarem lambendo o próprio cu.

A origem das bixas? A origem das bixas é você. A origem das sapas? A origem das sapas é você. A origem das trans? A origem das trans é você. Você é bixa, você é trans, você é sapa. Então você é a origem. Você é a sua origem. Você é o ponto de partida, o seu, o único de que você dispõe. Isso já lhe permite caçar e insultar e fazer escândalo em casa, no trabalho, onde for. Não é preciso fazer muita arqueologia bixa para começar a atirar pedras e quebrar coisas. Ainda que no arrebatamento nós esmaguemos o fêmur da primeira australopiteca lésbica e destruamos os restos do primeiro casal gay neandertal que se conservava em perfeito estado. É preciso andar mais solta pela escavação e se preocupar menos com os fósseis. Não somos arqueólogas, somos filhas da puta com pressa de mudar o nosso meio. Não se pode voltar atrás. A origem está adiante, é o futuro, está nos esperando. Se quiser, naquele domingo, você poderá retroceder até os seus pais buscando a origem de ser lésbica; no máximo até a sua avó. Mas isso não vai explicar a origem de nada. Isto é dar com a causa necessária, mas não suficiente. As coitadas das mães, que querem ser tudo em nossas vidas, sempre acreditam que são a causa necessária e suficiente para sermos como somos. Coitadas: entre a necessidade de se culpar e sofrer e o orgulho de ser a causa primeira de tudo.

Deixem em paz as bixas e as lésbicas que estão estreando politicamente, bando de velhas sabichonas, liberem seus espaços e levantem as bundas dos sofás; parem de pensar que eles são frutos de sua semeadura de *dark room*; parem de procurar uma causa, uma origem, uma explicação. É isso aí, é o que há, e ponto. O que é ser bixa? Elas vão nos dizer. Ou não. Mas daí já é assunto delas. E se elas quiserem fazer história e arqueologia, que façam. Mas uma coisa é fazer história e outra coisa é ser história. Como eu não tenho nada para dizer, não deixo de anunciar óbitos, publicar proclamas, pedir aposentadorias, anunciar boas novas e messias transexuais. Agora exijo a retirada imediata de todas essas paradas daqueles que já passaram dos trinta. Vamos liberar espaço aí, porra! O movimento gay, os coletivos, as que, como eu, entraram numas de escrever... está cheio de Aznares[15] tirados pela metade e não param de fazer coisas como esta que eu estou fazendo aqui, porque ainda acreditam que vocês não podem ser deixados sozinhos, porque há muito espaço por percorrer, porque a nós, mais velhos, resta um papel a desempenhar, panfletos a fazer, comunicados a escrever, tendências a vigiar, gerações a educar, memórias a proteger, expedientes X a revelar.

Acabem conosco! Estamos mortas. O Europride de 2007 vai ter sido nosso enterro. A Pirâmide das bixas históricas de todo cunho, todas responsáveis por triunfar e por perder em sua batalha particular. Agora só falta vocês terem terra para nos sepultar, para não levantarmos a tampa do caixão e sairmos esfoladas feito zumbis. Venham por mim, mas me matem e rematem e me deixem bem morto! Se não, eu vou pôr a cabeça pra fora de novo. Longe de me suicidar. É melhor que me desliguem. Tanta crítica que os jovens não saem de casa e que ficam com os pais até os quarenta. Não ocorreu a ninguém que o que os pais têm que fazer é ir para um asilo por vontade própria, sair do meio do caminho e deixar a casa para os filhos? Nós estamos na mesma situação. É hora de uma reclusão voluntária em asilos e de deixar as salas, subsídios, arquivos, livros, espaços, manifestação, carros alegóricos, bandeiras e toda a merda e o patrimônio cultural e imobiliário gay-lésbico-trans que foi juntado para os novos. Mas a palavra não se dá. A palavra se toma.

15 Em alusão a José María Aznar, de pensamento neoliberal, presidente da Espanha entre 1996 e 2004. [N.T.]

A bixa como sujeito político

> Muitas pessoas têm uma árvore plantada na cabeça, mas na realidade o cérebro é mais uma erva do que uma árvore.
>
> DELEUZE E GUATTARI

Tudo bem discutir essa questão da identidade, de saber quem somos, de onde viemos, de conhecer a nós mesmos e demais sermões. Mas ela não basta para justificar gritos, cartazes, porradas nem para existir politicamente. Está bem claro quem é o inimigo. Não precisa ser um sábio para reconhecer quem quer o nosso mal, quem quer acabar com a gente, em quem provocamos enjoo, quem se mostra reticente, incomodado, arisco diante das nossas reivindicações ou diante da nossa mera existência. Para identificar a homofobia não precisa ser um lince. Qualquer um percebe isso, até a bixa que nunca entrou numa livraria na vida. Não precisa de mais nada para começar a fazer política, para nos converter de simples praticantes de umas quantas condutas sexuais estereotipadas em verdadeiros sujeitos políticos.

A existência política nasce de uma posição de sujeito que luta. Uma posição de sujeito que nasce de uma decisão voluntária, estratégica, conjuntural a partir de uma situação de opressão e injustiça dada. E chega de precauções. Injustiça estrutural + gente que sofre essa injustiça + vontade de luta e de subverter tal situação injusta: não precisa de mais nada para o surgimento de um sujeito político capaz de realizar uma pequena, média ou uma grande revolução. O crucial é a posição, a tomada de posição, o posicionar-se, o plantar-se como sujeitos, fundar-se como sujeitos bixas. Posição de sujeitos bixas, de sujeitos lésbicos, de sujeitos trans. Posição de sujeitos de classe. Posição de sujeitos precários. Posição de sujeitos desprezíveis. E na frente o resto. Vamos atrás deles. Já temos o conflito social necessário. Não precisa inventar nada. É a situação de início. Uma sociedade injusta e que quer seguir sendo para muitos. Só falta levantar-se e tomar a palavra, roubá-la, apoderar-se dela. Ou, como se diz agora, a única coisa de que precisa uma bixa para converter--se em sujeito político é "empoderar-se". Horrível anglicismo. Fazer-se poderoso, deixar que o poder corra por suas veias, mineralizar-se, ter iniciativa, tudo isso deriva de uma só decisão: a decisão política de converter-se, de ser um sujeito político LGBTQ. Isto ninguém dá de presente, ninguém concede, não precisa de cerimônia de reconhecimento, nem se filiar em lugar nenhum: depende de cada um tomar a decisão de ser uma bixa, uma lésbica, uma trans que elevam a si mesmas à categoria de conflito e à posição de luta de sujeitos políticos. Sujeitos políticos por decisão. Vontade de guerrear. Determinação de batalhar contra o inimigo comum. Isso é tão fácil como dar esse passo, em vez de ficar no limbo da ociosidade dos direitos concedidos ou obtidos por outros, que lutaram por nós.

Converter-se num sujeito político, já de saída temível pelo simples fato de ter tomado a decisão que supõe um pico de moral, de força, de inteligência, de imaginação, de criatividade, de iniciativa, não precisa de mais argumentação. Passar de bixa para bixa em luta é um absurdo, um abismo lógico, um salto no vazio, algo irracional, injustificado, arbitrário: é um salto que se dá ou não se dá. Um salto que justifica a si mesmo depois de executado. Como ir a outro país, ou sair de casa. Para quê, se você vive tão bem aqui? Saia, vá embora. Quando voltar, se voltar, você me conta. Quando ainda não se decidiu por exercer uma existência política bixa, não se conta com as razões, com os argumentos, com a legitimação para forçar essa decisão. Não há um porquê, mas é justamente essa ausência de ter que fazer o que parece necessário e inevitável que permite saltar no vazio.

Eu só posso dizer: Salte! Do outro lado. Deixe a racionalização e a legitimização para depois. Tudo que se apresenta como razoável, legítimo e portador de uma sanção social positiva é o que tem perturbado, limitado, reprimido e oprimido você até agora. Não peça o mesmo passaporte a quem vai salvar você.

O fulgor da consciência política que de repente estoura. A conjunção quase mágica dos astros que supõe alcançar a consciência de classe. E está logo aí, ao alcance da mão, criar, acontecer, decidir ser este novo tipo de sujeito político LGBTQ. Já somos. Eles já existem. Nunca há um primeiro. Quando você toma esse tipo de decisão, já tem gente te esperando. A solidão está antes de decidir ter uma existência política, não depois. Converter-se em sujeito, acessar uma voz própria, a capacidade de sustentar um discurso em primeira pessoa supõe de início um esvaziamento, um deixar de lado a existência cômoda e pacífica que a sociedade colocou à disposição das bixas e lésbicas para mantê-las entretidas, ocupadas, transando, comprando, caçando, bebendo, festejando e rindo. Nos enjaulando e engordando como Joãozinho e Maria.

Até os heróis dos contos são mais revolucionários que muitas de nós. Após esse esvaziamento do que há, do que nos ensinaram e transmitiram como o que deve ser uma existência bixa tranquila e autorrealizada, não há nenhum paraíso, nem nenhum inferno. Talvez não haja nada. Tudo está para ser criado e preenchido de conteúdo. Mas o importante é que a decisão constitutiva e polêmica de nos convertermos em sujeitos políticos bixas não precisa de maior articulação teórica.

Não é preciso esperar que esteja muito claro e explicado qual é nossa identidade, ou quem somos, para começar a fazer as coisas. Basta compartilhar uma situação injusta de saída e a legitimação que acompanha sempre os desfavorecidos, marginalizados e oprimidos. Os fascistas também podem se levantar se tiverem vontade, mas carecerão de legitimação porque, quando se levantam, é sempre para recuperar privilégios perdidos que usurpavam ilicitamente e que lhes foram arrebatados com razão. Como os padres quando saem nas ruas para se manifestar porque perderam o monopólio da manipulação das consciências com sob a fachada da religião. E perderam foi muito pouco. O Estado é tão cagão que não se atreve a proibir a religião nos estabelecimentos públicos de ensino. Ou os antichavistas tomando as ruas porque rebentaram a herdade imperialista que tinham montado. E não que eu pense que Hugo Chávez ama as bixas – que piada! Adquirir o estatuto de sujeito político é grátis e está ao alcance de quase todo mundo, mesmo que continue havendo excluídos totais que nem sequer podem pensar nesta decisão. Mas, de novo, basta ter um pouco de faro, o faro de um poodle dá conta, para perceber quem está legitimado por sua posição de classe, de opção sexual, de raça, de gênero, e que pretende unicamente manter a todo custo uma situação de subjugamento patriarcal, heterossexista, classista, xenófobo, católico e classista.

Não precisamos sentar as bases de um discurso teórico prévio muito sofisticado para empreender uma luta pela liberação sexual. A identidade do sujeito político começa a ser construída assim que ele começa a fazer coisas. A cada passo que dá vai cristalizando, solidificando, forjando sua própria identidade com o que faz e com tudo, e todos, que vai deixando à beira do caminho. Por acaso alguém acredita que os héteros homofóbicos sempre foram assim? Ou os padres? Ou os fascistas? Nada disso. Primeiro começaram a roubar, a foder com todo mundo até ficarem com o poder. E só depois construíram seu edifício ideológico justificativo. E só muito depois conseguiram fabricar para si uma identidade onde se instalar, onde educar os filhos, com a qual se identificar para poder transmiti-la ao longo do tempo, conquistando outros países, invadindo culturas, territórios, continentes, arrasando com tudo. Nosso inimigo não nasceu assim. Tornou-se o que ele é. Inventou a si mesmo com o tempo, chacina após chacina, vitória após vitória, saque após saque, *apartheid* após *apartheid*. Os sujeitos políticos que engendraram, como seus defensores, guardiões e porta-vozes, a homofobia capitalista patriarcal e monoteísta não respondem a uma identidade prévia que montou a cavalo e embarcou numa caravela e saiu para fazer um império (o que também fez): esses filhos da puta de agora têm a consistência de uma identidade que abrange tudo aquilo em que se converteram em séculos de história e opressão. Não nasceram sabendo quem eram. Nasceram roubando e matando. E só depois de muito roubar, muito violar, muito matar e muito pisotear souberam quem eram e o que era o sujeito conservador homofóbico liberal social democrata cristão.

O caminho se faz ao caminhar. Façamos nossa história de luta LGBTQ e vamos nos converter em sujeitos LGBTQ porque, se não fizermos nada, nunca vamos chegar a ser sujeitos de nada. Nunca chegaremos a ter uma identidade e nem a saber quem somos. Não se é primeiro sujeito e depois se atua. Ao contrário, faça coisas e você será algo, alguém, outros vão reconhecer você como pertencente à comunidade dos que atuam, daqueles com quem se pode contar, daqueles que vêm em auxílio e prestam ajuda, daqueles que derrubam preconceitos, injustiças, caciques, magnatas, privilegiados de todas as classes.

Nós, bixas, não somos amantes da verdade, dos fundamentos racionais, da solidez de uma estirpe. Somos amantes do nosso próprio bem-estar, da felicidade de ser poucos, da nossa felicidade, a nossa própria. E não precisamos definir este nós nem quebrar a cabeça. Não sabemos quem somos, nem quantos somos, nem sequer em que consiste nossa felicidade, nem sabemos onde queremos chegar, aonde vamos. Por sorte a busca da felicidade é muito mais intuitiva e menos emaranhada. Nós desconfiamos que não estamos indo a nenhum lugar definido, determinado, existente, dado de antemão, desejável, progressista, *télos* de desenvolvimento necessário da humanidade e seus direitos e ápice ilustre da democracia. Sabemos que tudo isso é mentira e que nosso porvir será feito por nós mesmas a golpes de salto e navalha. Estamos desiludidas faz tempo e já não acreditamos que a sociedade avança em direção a quantidades cada vez maiores de liberdade e bem-estar para todos. Sabemos, por experiência própria, que os direitos humanos são um instrumento político de opressão e um muro de contenção frente a reinvindicações de base muito mais radicais. Aprendemos que, quando vamos bem, é porque isso convém a alguém, que não somos nós e que tira algum proveito político de nos ter mais ou menos satisfeitas.

Que ninguém nos exija um conglomerado ideológico para começarmos a funcionar e a fazer saltar as tampas dos bueiros. Não temos tempo para gastar com besteiras. Somos singulares, idiossincráticas, cada uma diferente e com seu jeito. Sem identidade, sem projeto, sem programa, improvisando cada passo, construindo-nos, mas somos sujeitos políticos, com força, sujeitos daquela maneira, sujeitos vadios e malfeitores, capazes de gestos comuns, de xingar e incomodar, de chupar sangue e tudo que for chupável. Não somos racionais. Também não amamos a Liberdade com L maiúsculo porque não acreditamos nela. A razão abstrata impede a liberdade real. A Liberdade abstrata sempre termina esmagando as bixas em nome da razão. Nosso dilema é raro, talvez, mas é o único que temos: ou ser racionais (e sistêmicos e democratas) ou ser livres. As bixas que acreditam na razão, no diálogo, no consenso racional, nos direitos, não são livres, só acreditam na razão, e isso não as liberta (apenas a algumas delas). Ser livre no seio das democracias ocidentais exige ser pouco racional, ou ter apenas o mínimo de razão para renunciar a ela quando for para salvar o cu e colocar em xeque a racionalidade das instituições. Estamos loucas. Temos estudos. Sabemos polemizar como jesuítas. Mas no fundo tudo isso nos prejudica. Nos entretém, nos retém, nos afasta de uma luta mais imediata. De uma luta irracional. De uma luta impensável, imprevisível. Por onde vão sair agora essas putas bixitrans? Melhor nem sentirem o cheiro. O bom de não ter identidade é que também não é necessário ser consequente. Hoje eu atiro ovos em você, amanhã ocupo um espaço, depois vou na sua reunião, mais tarde te quebro, me manifesto com você do meu modo, colaboro com você, depois renuncio. Vamos balançar o prédio até ele ficar cheio de rachaduras.

Ser sujeito bixa, converter-se em bixa não é algo dado previamente. O que está dado de antemão, desde o nascimento e ao longo de toda a vida, é sermos sujeitos emprestados, nos identificarmos com subjetividades emprestadas e somar a elas, como quem adiciona açúcar, uma ou duas colheres de homossexualidade, alugar uma subjetividade que vem de outro âmbito e procede de outros interesses e levá-la pela noite afora para colocar o cu pra jogo: este não é um sujeito LGBTQ. É preciso acabar com essa dinâmica de empréstimos subjetivos: ser sujeitos constituídos previamente e depois adicionar a eles o ingrediente bixa. Ser gari mas bixa, professora mas trans, camareira mas bixa, executiva mas sapa, político mas bixa, livreira mas lésbica. Nããão! Nosso ser sujeitos políticos provém de ser bixas, de ser transapas: esta é a nossa especificidade, o que somos, o que sempre fomos, o jarro das nossas essências. O mais provável é que não sejamos o que acreditamos que somos quando nos levantamos pela manhã: lojista, médico, advogada, mendigo, imigrante, prostituta, catedrática... mas com uma opção sexual não normativa. É preciso começar pelo outro extremo e fazer o percurso na direção inversa.

Sempre fomos bixas, temos sido lésbicas antes de mais nada, antes de ser crianças, trans antes de ser bebês, e, enquanto continuávamos sendo bixissapatrans, temos sido de tudo, um montão de coisas, mas essa é a única coisa que não mudou ao longo do tempo, a única coisa que nos dava uma identidade, uma referência subjetiva. Por que de repente abandonar nossa essência LGBTQ, nossa identidade histórica individual, e "ser" uma profissão, nos identificar com nossa situação laboral, de classe, com um lugar social imposto e adicionar a ele isso de "bixissapa" como uma notinha, como conduta privada, como se isso não tivesse influenciado nada em nossa vida, em nosso dia a dia, em nosso termo-nos tornado aquilo que somos? Sou médico e sou bixa. O caramba! Você é uma bixona que acabou sendo médico. Sou empresário gay. Não, é uma puta bixona que herdou uma empresa, ou que honradamente roubou mais-valia o bastante para fundar uma. Sou uma professora lésbica, sou desportista mas gay, sempre o mesmo discurso, colocando na frente o acidental e convertendo em mais um predicado o ser bixona. Não somos nada do que existe na sociedade heterossexista, nenhuma profissão, nenhum cargo, nenhum posto, nenhum adjetivo que caiba no cartão de visita, ninguém mais tem esses cartões. Não somos profissionais, pobres, desempregadas, só que com práticas homossexuais. Somos bixas com práticas de advogado, de médico, de sem-teto, de vida precária. Esta inversão é importante. Pelo caminho fizemos papel de bobos talvez por pressão social, por nos acomodar ao que há, por preguiça, pelo que for, mas *somos bixas antes de qualquer coisa*, sujeitos LGBTQ que se dedicam a isto ou àquilo para viver. Não se pode esquecer isso, e essa é nossa essência, nossa potência, nosso poder, nosso patrimônio e daí sai tudo o que fomos, somos e seremos. Nosso porvir exige que nos identificarmos como trans, lésbicas ou bixas e que o resto sejam assessórios: a profissão, a classe, o status, andar de bicicleta, viver em tal bairro ou em uma casa ocupada. Lógico, todos esses são lugares de socialização, de identificação com outros sujeitos não homofóbicos, não bixissapas, não somos marcianos, falamos com a galera, compartilhamos seus espaços, estamos socializados, mas que a socialização não nos tire o que somos, não a qualquer preço, não à custa de um apagamento de gênero para poder dizer: "sou médico" do mesmo modo que qualquer hétero diz: "sou médico".

Dizia uma bixa amiga minha faz séculos que ser bixa faz sentido como para encher todo o universo. Estou de acordo. E dizia isso contrariando a normalização e as estratégias desidentificatórias que preconizam as sodomitas burguesas. Estas últimas têm optado por colher o sentido de suas vidas no universo heterossexista e patriarcal sem renunciar às suas práticas homossexuais. Uma ética LGBTQ segue outros caminhos. O sentido da vida provém do fato de ser LGBTQ e, depois disso, há que trabalhar, sobreviver, socializar-se: mas essas coisas não têm nenhum interesse nem contribuem para as nossas vidas com nenhum sentido; com pedacinhos de sentido, sim, mas não contribuem para aquilo que somos, não constituem nossa coluna vertebral. Aquilo de que ser bixa faz sentido até encher o universo me parece foi a Urri que disse, mas não me parece que se oporia a rodar a baiana e sair pela tangente. Ser bixa ou lésbica ou trans tem sentido precisamente porque não tem sentido nenhum. Não temos sentido, somos um sem-sentido. Para eles, héteros, homofóbicos, somos absurdos, incompreensíveis. Não temos um modelo de vida alternativo, nem nada para lhes oferecer. Que desistam de nos compreender. A obsessão pela identidade, por nos encher de sentido, por nos fazer um capital teórico é uma exigência que vem do lado deles. Não temos por que traduzir para a sua linguagem, para que saibam o que fazemos ou deixamos de fazer, nem por que surramos as suas janelas. Falamos perfeitamente a sua linguagem, ela nos foi ensinada desde criancinhas; mas somos bilíngues e temos um idioma próprio que para eles é incompreensível, bárbaro. Não há nada para explicar a eles. Nós nos entendemos. E se traduzimos cada passo que damos, provavelmente lhes parecerá ridículo, inconsistente, infundado. Não é nossa a tarefa, não somos tradutores. Nossa tarefa é fazer coisas, mas que coisas? Fazer o quê? Tem algo por fazer? Já não conseguimos tudo? Já não podemos nos casar e nos operar? Há um porvir de discurso e reivindicação por explorar?

Por uma militância cachorro louco

> O texto é (deveria ser) essa pessoa audaz que
> mostra o traseiro para o Pai Político.
>
> ROLAND BARTHES

UM BLOQUEIO IDEOLÓGICO GERAL

Madri, 23 de junho de 2007. Bairro de Lavapiés. 19:06 Hora Zulu.
Nunca soube que diabos era isso de "Hora Zulu" que passa
nas séries americanas com marinheiros no meio, mas eu gosto
quando dizem e vão escrevendo os dados espaço-temporais na
tela, sempre no cantinho de baixo, com um barulhinho eletrônico de computador cada vez que aparece um novo persona-
gem. É a maior sensação de realidade e imediatismo que se
pode conseguir nas péssimas séries televisivas que eu consumo
com prazer. Suponho que eles façam isso para o telespecta-
dor não se distrair enquanto acontecem coisas diferentes em
lugares distantes e se entrecruzam argumentos paralelos. Tive
vontade de datar dessa forma tão irreal este momento estranho em que me obriguei a colocar por escrito alguma coisa o
mais próxima possível de propostas de ação e estratégias políticas, neste tempo em que percebo de forma muito clara certa
inquietação e insatisfação em parte do movimento LGBTQ, a
constatação de um esgotamento ideológico de nossos coletivos,
o desaparecimento de qualquer tipo de projeto ou programa
político concretizável, verossímil, factível, que não seja simplesmente uma fuga psicótica, uma fuga para frente que deixará
insatisfeitos todos que forem medianamente espertos: "Agora
é Europa: a igualdade é possível".

Tenho consciência de que estou escrevendo a partir do
deserto ideológico; a partir de uma preocupante carência de

projetos; a partir de um desgosto incômodo de ver-me imerso num bloqueio mental e militante que se mostra insuperável; a partir da necessidade e da urgência de superar um entreguismo desiludido diante do que já se fez e se está fazendo; a partir da convicção de que muito poucas bixas, lésbicas e trans têm claro o que é preciso fazer agora, o que deve ser feito, se é que tem algo por fazer, por onde começar, o que pedir agora se, segundo nos dizem, já conseguimos tudo; a partir da incerteza que me assalta sobre o futuro imediato, em médio e longo prazo, do movimento gay. Não sei se sou um bom intérprete da realidade, das coisas que acontecem, não sei sequer se entendo a mim mesmo ou se tenho capacidade de dar vazão a todas as coisas que passam pela minha cabeça, pelo estômago, pelo coração nesta Hora Zulu de merda em que decidi sair da preguiça, do fastio, do engessamento, da derrota, do silêncio, e me prometi fazer o quanto estiver ao meu alcance para expor coisas que sirvam para romper uma situação histórica – que acredito que seja – de beco sem saída, de depressão pós-parto, de abatimento, desorientação, tristeza e alienação depois do gozo, de fracasso depois do triunfo, de não saber o que fazer quando todos os seus sonhos se realizaram, de espanto quando acaba de acontecer o impossível.

Recebi um *e-mail* há algumas semanas, era uma minipesquisa da *Revista Cultural de Berkana* assinada por Eva Orúe e Sara Gutiérrez, que fazia apenas uma pergunta: "Nos últimos anos, o movimento LGTB alcançou muitas metas, conseguiu muitos objetivos. A celebração do Europride em Madri parece ser a cereja de um bolo maravilhoso... E agora?", com a intenção evidente de abrir novos horizontes de militância e de pensamento porque as pessoas que formularam essa pergunta tinham percebido, assim como muitas outras pessoas, que alguma coisa tinha acontecido, estava acontecendo, e que se aproximavam tempos de ruína, vazio e desamparo ideológico por parte de nossos coletivos. Não pude responder naquele momento, tentei responder mas enfrentava o mesmo abismo monumental que enfrento agora, que todos enfrentamos nesta Hora Zulu em que nós todos, gays, lésbicas e transexuais, nos encontramos. A saída inteligente que se encontrou não me convence, porque me parece um simples encobrimento, uma manobra de desvio que vai dar lugar a políticas continuístas sem nada o que continuar, à mera gestão silenciosa do dia a dia, a intervenções pontuais na imprensa e na televisão quando acontecer alguma agressão homofóbica ou alguma violação das leis pensadas para nos proteger ou ampliar nossos direitos.

Eu não vejo nada de ruim nessa palavra de ordem. Em absoluto. Parece-me uma palavra de ordem nobre essa de querer para a Europa o mesmo que se conseguiu aqui. Há países que estão vivendo um inferno homofóbico religioso de ultradireita que precisam de todo apoio e ajuda que pudermos oferecer. E há outros onde a situação é mais amena, mas que também podem avançar em sua legislação. Isso não quer dizer que na vida real de muitos países da Europa aos quais queremos exportar nossas duas leis exista mais homofobia do que aqui. Nem se trata de acreditar que somos o país menos homofóbico da Europa. A homofobia não se mede assim. Se mede nas cidades, nas ruas, nos bairros, nas cidadezinhas, nos bares, nas casas, nas igrejas, nos fóruns, nas delegacias, nos pratos, nas praias, porta a porta. Um par de leis não vai servir de capa para encobrir a homofobia cotidiana, que não pode ser mudada pelo Parlamento. Por outro lado, isso de os *españolitos* atravessarem os Pirineus para ensinar os ingleses, alemães, holandeses, dinamarqueses, franceses etc. a tratar os gays e lésbicas me incomoda bastante. Vamos libertar todas as bixitrans da Europa e ensinar o que é liberdade para todos os nossos vizinhos europeus. Eu não nego o plano, mas podemos topar com algum olhar estranho quando começarmos esta evangelização homófila da civilização ocidental.

A ideia de exportar à Europa nosso júbilo não é ruim, repito, não me parece terrível. Mas acredito que nós limpamos mal e mal o nosso próprio quintal, e na varanda só passamos um paninho, amontoamos os trastes num canto, jogamos uma lona por cima e já estamos chamando a vizinha de ordinária por causa do seu quintal, em vez de deixar o nosso feito um brinco e fazer a faxina com mais vontade, com mais paciência, e não uma limpeza meia-boca de domingo.

Ainda que não tenha sido a intenção dos que inventaram isso de desviar o nosso olhar para a Europa, essa palavra de ordem pode ter efeitos perversos. O pior deles: deixar de pensar. Deixar de ver o que continua acontecendo aqui. Baixar a guarda. Desmobilizar-nos por completo e dar tudo por acabado. Colocar uma venda nos nossos olhos e não enxergar que a homofobia não é te chamarem de bixona e você ter que dar no pé ou fazer uma denúncia, mas que a homofobia é uma bixa não ter onde morar, não ter trabalho, nem poder ocupar cargos de responsabilidade, o fato de a adoção não ser tão fácil, de continuem perguntando se ela "ouve vozes" quando vai fazer uma operação de mudança de sexo, de continuarem considerando-a uma doente de disforia e de ser prescrito um acompanhamento psiquiátrico porque, para a lei, sua saúde mental continua sob suspeita. Talvez os coletivos tenham feito uma aposta baixa ou tenham negociado na baixa e agora estamos por baixo porque nós conseguimos o que dissemos que queríamos, mas receio que isso não é tudo o que queríamos, nem tudo que nos faz falta, e que essas leis não nos proporcionaram, em absoluto, a euforia e a satisfação esperadas. Até parece que se está disseminando um certo descontentamento prematuro. Ainda tínhamos um respiro na celebração orgiástica da Europride de Madri. Suspeito que logo essa ressaca será ainda mais acentuada, e ela vai ser sentida por muito tempo. Eu já estou de ressaca sem ter celebrado nada! E, além disso, sei que também não tenho nenhum projeto específico ou concreto para oferecer. Somente vontade, uma mudança de atitude, ideias gerais para outro tipo de militância, propostas para subir o tom das reivindicações e a convicção de que nós temos que nos transformar por completo, deixar de ser o que somos, como somos, como acreditam que somos e mostrar a eles outra cara. Tenho vontade e fé numa política LGBTQ cachorro louco. Na contramão dos tempos. Absolutamente intempestiva.

É preciso acabar com isso que vivemos e que chegamos a ser. Os héteros estão começando a pensar que somos assim. Até nós mesmas estamos começando a acreditar que somos assim. Eu – nem morta! Talvez umas quantas de nós tenhamos pressa de voltar a sair na rua e reivindicar um montão de coisas na louca. Ninguém pode ser culpado por se consumir na execução de uma tarefa que se mostrava impossível e impensável há alguns anos. Parabéns e minhas mais sinceras felicitações. Tampouco temos que exigir que eles agora nos digam o que fazer. Essa é uma tarefa que não se pode delegar aos coletivos. Eles não podem com tanto. Mas se nós não transmitirmos a eles, de baixo para cima, o que queremos, o que nos faz falta, se não fizermos nenhum pedido, eles vão se converter em meros gestores, vão ficar sem ideias, vão se voltar para o serviço assistencial pelo qual também são responsáveis e vão adquirir uma dinâmica de discrição durante os próximos anos. A responsabilidade não é apenas deles, mas nossa. Não aceito que os coletivos tenham de nos dizer o que temos que fazer e aonde devemos ir. Isso da Europa eles improvisaram em cima da hora. Que seja. Agora eles têm que ser bombardeados com reinvindicações e novas petições, motivados e obrigados a ficar ligados e levar uma existência ativa. Também me nego a compartilhar a ideia, repugnante mas que aos poucos vem ganhando espaço , de que temos que dar um respiro aos políticos, ao governo, aos héteros progressistas que estão no poder porque eles acabaram de fazer um grande esforço por nós, e o correto, o elegante, o de bem-nascidos gratos é ficar um pouco quietos e deixar de ser chatos durante um tempo razoável. Pois vai ser o contrário.

BIXAS CADELAS: POLÍTICAS CÍNICAS

Eu não sou um bem-nascido. Nenhuma bixa é. Não conheço nenhuma lésbica bem-nascida. Somos todas umas cadelas mal-nascidas: nascidas macho ou fêmea, menino ou menina, nascidas heterossexuais, obrigadas ao binarismo hétero, quando o que somos é um bando de sapas, bixas e trans e precisamente não se pode dizer que tenhamos nascido bem. Somos umas cadelas e minha proposta política é implantar uma política cadela. As mais cultas entre nós vão preferir chamá-la de política cínica, recorrendo à etimologia grega de *cachorro*, que faz tudo ficar mais elegante. Uma política cadela é uma política de sobrevivência. O que fizemos a vida inteira. Sendo crianças e sendo adultos. Livrar a nossa própria cara e seguir em frente esquivando de todo tipo de situação. Como umas porras duns cachorros. Nossa política de sobrevivência nunca fez jusnaturalismo, metafísica, moral ou teologia. Não tínhamos tempo para tanta fundamentação e tanta história. A urgência nos levou sempre ao correto, ao dia a dia, a enfrentar a homofobia desde que abríamos um olho remelento até que o fechávamos à noite: mais um dia que saí ileso, que voltei para minha caminha com alguma cicatriz de guerra, mas nada de mais, o ânimo um pouco estropiado, um arranhãozinho de nada, um pouco de saliva que não deveria ter engolido, mas eu não estava a fim de armar um barraco, um salto quebrado por apertar o passo e olhar em frente em vez de me virar porque me pareceu ouvir risos, uma provocação em uma rodinha de adolescentes. Ora! Enfim, estou feliz, sou uma lutadora e vou dormir: "Quatro anjinhos guardam minha cama... zzz... zzz".

Política cadela. Perambulando pra cá e pra lá. Dando muitas voltas antes de nos deitarmos um pouquinho, conferindo a segurança do entorno. Sempre de orelha em pé pelo que possa acontecer de bom ou de ruim. Política cadela, nada de política cínica. A política cínica é a do poder. Cínicos são os poderosos, os homofóbicos que te espancam com um sorriso, os que sempre derrubam no parlamento tudo o que pode nos beneficiar. Cínico é o receio, a reticência, a desconfiança, a falsa igualdade, o asco dissimulado, a repugnância encoberta, o ódio camuflado, a homofobia com pele de cordeiro. Nós não somos cínicas. Somos transparentes como cachorros. Não fazemos rodeios. Não temos nada a perder. Cachorros como Diógenes diante do imperador, mais pobres do que ratos, nus em pelo, vivendo num barril: por que daria um respiro para esse imbecil imperial, por que haveria de sorrir para ele, por que deveria estar agradecido, por que teria que falar com ele, que porra iria negociar com ele, por que teria que confiar nele, por que iria pensar na boa vontade imperial, por que haveria de baixar a guarda diante da disposição dialogante do poder, por que satisfazer a curiosidade real? Não me roube o sol, filhodeumaputa.

Política cadela. Política para reduzir o sofrimento e os maus-tratos, a descriminalização, os insultos que nunca vão a julgamento. Política para conseguir um certo bem-estar para gays, lésbicas e trans sem ter que apelar para conceitos vazios, para categorias científicas, médicas ou biológicas, para direitos interessados, a natureza humana, a natureza da democracia, a igualdade, a paridade, para essencialismos e constructos ideológicos, pois tudo isso vem para encobrir um sentimentalismo ético arrepiante e desprovido da menor convicção ou determinação em resolver a homofobia para além do conforto das cadeiras do parlamento, onde ela também continua presente, confortavelmente assentada.

Política cadela desacreditada. Não acreditamos em nada. E menos ainda nas publicações essencialistas, jusnaturalistas. Todos os essencialismos acabaram se voltando contra nós porque a bixa, a sapa, a trans são o que sempre fica fora de toda essência, de todo direito. Faça uma lei. A que você quiser. Construa um conceito. O que quiser. Faça-o da forma mais detalhada, mais ampla, mais abrangente que puder. Acabou? Pois olhe: você deixou de fora mais uma vez as bixitrans. Não é pela nossa vontade de sair do curral. Isso é de um cinismo poderoso: "Não querem se ajustar ao maravilhoso quadro legal que preparamos para eles". A verdadeira vontade é de continuar excluindo, de perpetuar a homofobia com bons modos, mais sutis, mais encobertos. Homofobia travestida, cínica. O poder se traveste para mostrar-nos uma boa cara. Se transforma no que mais odeia, mas nenhum recurso é rejeitado, vale tudo para perpetuar a homofobia. Ela vem com um sorriso, se agachando para me alisar o lombo. Eu cheiro a sua perna. Dou quatro passos para trás. Não confio. Senti um cheiro que não me convence. Não quero que você me alise. Você me persegue para me alisar. Cãozinho bonito. Cãozinho bonito: "Vem aqui, cachorro!". Que cachorro mal-educado! Gritando. Apontando o dedo para mim num gesto ameaçador e autoritário. Eu falei. Esse aí não é de se fiar. Pensa que nós cachorros somos todos iguais. O melhor amigo do homem. Nem todos nós somos os melhores amigos do homem. Nem de todos os homens. Nem sequer amigos. Nem sequer entendemos a mesma coisa por "cachorro".

Política cadela. Para que nos venham com retalhos de igualdade, de humanidade, de pessoas humanas, de cidadãos com igualdade de direitos, de um mesmo direito e um sistema legal para todos, de um documento de identidade *à la carte*, psiquiatras grátis para todas seguindo por uma via que já sabemos que é morta e que por esse lado não se conseguiu muita coisa; preferimos uma disposição desontologizada, uma justiça sentimental provisória, uma simpatia que dure o quanto durar, mas que não nos faça comungar com rodas de moinho. Os discursos fundamentadores, respaldados por qualquer tipo de saber científico, ético ou político, nos fazem cair fora. Já na entrada geram desconfiança. Não se pronuncie sobre a minha natureza. Também não se pronuncie sobre a sua, sobre a natureza dos democratas e da sociedade democrática.

Todas essas afirmações desmoronam ao serem contrastadas minimamente com a realidade e com a história. Não me convença de nada. Não tente me convencer de que você é gente boa. Só acredito vendo. Prefiro arrancar de você um consenso histórico concreto, contingente, conjuntural, em forma de lei e de compromisso de não agressão que nos beneficie até vocês decidirem quebrá-lo, aplicá-lo de má-fé, deixá-lo cair no esquecimento, aboli-lo.

Política do cachorro: estou no chão, ao lado da mesa, enquanto você come. Traço tudo o que cai, as migalhas, as coisas que você joga, os ossos, as peles, pedaços de pão às escondidas, se cair alguma coisa maior e você tentar recuperá-la do chão, vai chegar tarde, já terei comido, é meu território. Também abano o rabo, gemo, faço cara de gato do Shrek, desperto a piedade, ladro baixinho, ponho minha cabeça no seu colo e olho fixamente nos seus olhos: Já era!, causei pena no imbecil e ele me deu alguma coisa. Você adora me jogar as sobras enquanto come e adora ver eu me lançar como um raio para pegar, lamber o seu chão, lamber os seus pratos, estar sempre ao seu lado, alerta para ver se algo cai, absolutamente dependente de você, de cada gesto, de cada palavra. Você gosta da minha submissão, minha entrega, minhas bajulações, minhas chantagens afetivas, meu desamparo de dar pena, minha dependência onímoda, gosta de me ver babar, como sou bom e como me comporto bem. E você fica injuriado, grita feito um condenado, não compreende por quê, quando você se descuida apenas um instante, eu pulo em cima do seu prato, meto a cabeça, roubo o bifão com uma bocada e dou no pé. Você nunca gostou disso. Não entra na sua cabeça humana. Não sabe mais o que fazer para me educar. Sabe que eu sei que, cada vez que roubo comida do prato, em vez de suplicar me degradando como você gosta e acha apropriado para um bom cachorro, você vai me dar umas pauladas, gritar, me confinar e castigar. Sabe que eu sei que continuarei fazendo isso. Sabe que nunca vai me compreender e terminará dizendo: "Por melhores que sejam e por mais que a gente goste deles, no fundo são animais".

Política cadela. Gemer, causar pena, pedir, latir, dar voltas, agradar, gostar, fazer companhia, se deixar alisar, suportar dor, que te puxem pelo rabo e pelas orelhas, roubar, ser oportunista, saquear, destruir o sofá, arranhar, voltar e cravar uma mordida, atacar uma visita, agredir os outros cachorros pelo parque, comer o braço do seu filho, desfigurar a cara deles. Não compreendo. Não sei o que pode ter acontecido. Que desgraça. Sempre foi um bom cachorro. Tivemos que sacrificá-lo. Virou um assassino. Era uma ameaça pública. Com reações imprevisíveis. Dono cínico diante de seu cachorro.

Política cadela. Tudo o que fizemos é para conseguir comida, para ter mais espaço, mais liberdade, mais direitos, qualidade de vida. Tanto faz a estratégia. Vale tudo. A iniciativa é nossa. Que ninguém tente nos compreender e nem domesticar nossas táticas mais ou menos efetivas. Que não ocorra a ninguém dizer o que é uma bixa boa e uma bixa má, uma lésbica agradável e respeitável ou uma sapa potencialmente perigosa que precisa de uma licença especial, registrar-se, ir amarrada e com focinheira. Da chantagem à mordida, do latido à sedução, à persuasão lastimosa. Estando sempre implícita a licença especial, registrar-se, ir amarrada e com focinheira. Da chantagem à mordida, do latido à sedução, à persuasão lastimosa. Sempre implícitos o parasitismo, o roubo, tirar o máximo possível dos nossos donos numa dinâmica de furto, de pegar de surpresa, um conflito entre espécies, uma luta do maior parasita da sociedade heterossexista, um alien bixinha que se passa por melhor amigo do homem. Se eles pensam que gostamos deles e se apaixonam por seu cachorro: É disso que se trata! De receber o menor número de chutes e o máximo de recompensa. Pode ser que existam mais estratégias de reivindicação e militância. Mas esta também é válida, leva muito tempo até ser posta em prática e me parece uma atitude irrenunciável que acolhe as aspirações, o modo de ser, o desespero, a desconfiança, e o espírito batalhador de uma boa parte do movimento gay, essa que sempre se qualificou como "alternativa"; mas uma política de negociação é tão alternativa quanto uma política cadela. Pois que vão se alternando.

Política cadela. Parasitas como os cachorros. Não gostamos deles. Ou sim. Conforme der vontade. Política de crianças chantagistas, impossíveis para qualquer *supernanny* que acabará fracassando, crianças dadas em custódia para as instituições, crianças estranhas, selvagens e indomáveis, não socializáveis. Do jeito que os pais gostam deles... Casos especiais. Quando estão mostrando o que é a regra geral, revelando a verdadeira natureza do assunto. Cachorros, bebês inteligentes, crianças astutas: olho vivo diante de qualquer sinal de debilidade no adulto para conseguir nossos propósitos. Completamente fora de uma lógica de retribuição, carinho, afeto, confiança, fidelidade. Conseguir o máximo, seja como for. A revolução não é um jantar entre amigos. A negociação política também não é. Sobretudo numa situação de subordinação, dominação, discriminação e opressão, históricas, seculares e perfeitamente atuais, cotidianas. A homofobia política está muito bem retratada em *Marte ataca*. E a estupidez das bixas na esplanada soltando pombas da paz que acabam fritas pelos raios marcianos. Me parte o coração cada vez que vejo os embaixadores marcianos de muito bons modos, conversando sobre a paz muito bonzinhos para imediatamente, na sequência, sem que haja nada no meio, sair atirando para todo lado. Essa é a política. Nem sermões jusnaturalistas, nem regras de jogo, nem valores intocáveis, nem porrada. Talvez este panfleto tenha algo em comum com a ligação desesperada do presidente dos Estados Unidos para o presidente francês neste mesmo filme, avisando para ele dar o fora do ambiente em que acabava de assinar um tratado de amizade com os marcianos. Mais tarde, escuta por telefone como o detonam e o Palácio do Eliseu voa pelos ares. As coisas também não são assim. Às vezes fico muito dramático. A analogia é muito imperfeita. Nem os políticos homofóbicos são marcianos. Nem as bixas somos seres humanos. Não dá para comparar.

Política cadela. Alguns intelectuais chamam isso de "pragmática suja". Isto é, se agarrar a qualquer coisa. Não respeitar nenhuma regra. Mas eu não estou advogando por nenhuma pragmática suja. Sujo é o poder. Suja é a sua pragmática. Suja é a sua negociação. Suja é a sua concessão de direitos inalienáveis (então, por que não os tomamos?) a conta-gotas. Suja é a sua esperança de que nós nos comportemos como mocinhas e mocinhos no jogo político. A política cadela não é suja. É cadela. A política cadela não é cínica. Sujos e cínicos são eles, que têm o poder, que inventaram para eles o jogo da negociação política. Alguém já pensou por que nós, lésbicas e gays, passamos o dia negociando, reivindicando? Por acaso é porque adoramos brincar de fazer reunião com político? Jogamos um jogo que eles inventaram e que nos obrigaram a jogar. A negociação não faz parte de nenhuma essência translésbica. As bixas e sapas negociadoras são um produto da homofobia institucional que determina, arbitrária e unilateralmente, que todos os direitos e favores que nos concedam estejam precedidos de mobilizações, negociações, e sejam concluídos com fotos, agradecimentos e a cessação de qualquer outra reivindicação até que o poder volte a declarar aberta nova negociação para nos conceder graciosamente o que for. Eu me nego a ir na onda. Não, categoricamente. Se acariciam as orelhas dele um pouquinho, ele abana o rabo um minutinho. Em seguida, vai tentar roubar o bifão do prato. Avança no seu filhinho, que nos puxa pelas orelhas e monta nas nossas costas. Tudo bem conceder alguma doçura de vez em quando para mantê-los contentes e evitar que acabem conosco, como os pulgões que as formigas cultivam, limpam, protegem, defendem e deixam que proliferem, só por causa das gotinhas açucaradas que eles soltam, para evitar o desastre. Eu não sou muito dado a secretar estes néctares apaziguadores para animais prestes a me devorar. Mas o que me acontece, sim, é que fico de cabelo em pé quando penso que entre a homofobia institucional negociadora e a nossa sobrevivência só tem um torrão de açúcar.

Política cadela. Entre o puro parasitismo e a simbiose. Cada um que faça sua escolha. Ou podemos ir alternando. Agora é simbiose; agora, puro parasitismo. Será que os cachorros sabem a vez de cada um, os bebês quando têm que chorar, as crianças quando ter um chilique interminável e deixar de chorar assim que conseguem o que queriam? É fácil. E nós estamos aí, em atitude idêntica de parasitismo sistêmico do heterossexismo ou em simbiose com ele, segundo bata o vento, soltando gotinhas de néctar açucarado ou não dando nada em troca. Em troca de quê? Quando o poder nos pede ou espera de nossa parte um silêncio reivindicativo, uma chuva de votos, um apoio eleitoral, uma simpatia ideológica... o quê? O que eles vão fazer com a gente? Vão fechar a torneira para sempre? Qual é a segunda parte deste contrato-ameaça encoberto? Dá a sensação de que, agora, o que esperam de nós todas é que permaneçamos fiéis ao seu lado, que peguemos as presas, rastreemos a caça, unidos contra os outros inimigos revoltados. Suspeito que eles confiam que, quando morrerem, nós vamos estar no cortejo fúnebre e deitar sobre suas tumbas, deixando-nos morrer pela carência afetiva, pela gratidão e pelo não-viver que supõe viver sem eles, esperando sua ressurreição, para onde foi o meu dono? Alguma bixa cadela vai se prostrar em silêncio sobre seu dono morto até perecer feito um saco de pele e ossos: nefasto porvir do movimento gay e dos coletivos.

Insolidariedade canina. Sou um cachorro, mas parece que vou falar de uma hora para outra. Sou mais humano do que cachorro. Estou mais do lado do meu dono do que dos outros cachorros. Alienação marxista. Ópio do cachorro.

Atiraram as leis no chão depois do banquete do poder político e agora andamos ainda lambendo os beiços, mordiscando seus legislativos ossos, estamos terminando e já de olho no que mais pode haver em cima da mesa porque eles não param de comer, esperamos para ver o que mais cai. Estávamos fazendo muito barulho e não os deixamos comer à vontade. Agora estamos calados porque temos algo que entretém nossas mandíbulas. Mas já está terminando e está me dando uma vontade enorme de começar a latir de novo. Dessa vez muito mais alto. Se abanando o rabo, botando a língua para fora, balançando a cabeça de lado, dando a patinha nos deram duas leis... então, estourando seus tímpanos, mostrando-lhes os dentes, nos comportando como cachorros, fazendo o que fazem os cachorros, sem renunciar ao que somos, vamos conseguir mais deles: o quê? Mistério. É preciso colocar isso em prática. Vai que conseguimos ressuscitar a homofobia deles. Apagar da cara deles o sorriso condescendente, estúpido e fingido. Conseguimos que saíssem de nossas manifestações. Nos expulsam de seus partidos porque somos incômodos para eles. Nos dão um balão. Nos abandonam num posto de gasolina a caminho da Europa.

Agir sem pensar

> A privatização do ânus, se diria seguindo o *Antiédipo*, é um passo essencial para instaurar o poder da cabeça (logo-ego-cêntrico) sobre o corpo: "só o espírito é capaz de cagar".
>
> NÉSTOR PERLONGHER

A ESTRATÉGIA DO BURACO NEGRO

Meu amigo José María Ripalda, enquanto eu comentava o que pensava sobre uma política bixa cachorro louco, me disse que ele pensava outra coisa desde há muito tempo para gerir suas coisas: comportar-se como um buraco negro, absorver tudo e não deixar sair nada para o exterior. Me pareceu um achado genial para o que deve ser uma política bixa alternativa. É igual à do cachorro, mas é mais radical, sem que caiba sequer a eventualidade de uma retribuição, de um intercâmbio de afetos, de darmos qualquer coisa em compensação, que não se possa esperar nada da nossa parte. E tem a vantagem de ser uma política absolutamente fria – embora eu não saiba se faz muito frio num buraco negro –, livre das antologias caninas, humanas e biológicas. Assim não fazemos o papel de parasitas, nem de simbiontes, nem de cadelas, com toda a carga moral que essas palavras carregam quando levadas para o plano das relações sociais.

Enquanto escrevo essas coisas, não deixo de pensar no nojo que elas vão causar em alguns, no quanto vão considerar essa atitude desprezível, como pode alguém, uma bixa, ter chegado a esse extremo de desumanidade, na incompreensão que essas propostas podem suscitar, na condenação que vão receber por parte dos de sempre: é um exaltado, um criminoso, um antissistema, um terrorista, um provocador, um sequelado. Tudo isso é verdade. Vai lamber o cu do teu dono. Isso também é verdade. Me fascina pensar em um movimento LGBTQ que viesse colocar em prática uma política de buraco negro: absorver tudo, apoderar-se de tudo, sugar tudo sem dar nada em troca. Sobretudo, não dar nada de nós mesmas, não deixar que escape para fora sequer uma parte mínima de nossos eflúvios essenciais. Não dar nada ao sistema e roubar-lhe tudo o que cair nas proximidades do nosso buraco negro. Jamais engordar a besta, me dizia Ripi. Que cara louco. Tem héteros que dão vontade de ficar junto, com quem dá gosto conversar, quantas coisas compartilhamos e quanta circulação de ideias, estratégias, táticas e políticas se produz espontaneamente.

Em seguida, pensando sobre o buraco negro, me veio à mente a necessidade de personalizar essa política, fazê-la nossa, dar a ela características indiscutíveis de identidade. E do buraco negro passei para o olho do cu. Novamente o cu me era oferecido para a reflexão como portador de valores insondáveis, inexplorados, a maioria ainda por descobrir, estando como estão diante de nós, ou atrás, absolutamente expostos e acessíveis. O eterno erro de pensar com o cérebro e não com o cu. De fazer políticas cerebrais e não políticas anais. Outra vez a Analética atravessava meu caminho. Fazer do cu nosso instrumento político, a diretiva fundamental de outra militância LGBTQ, desenhar uma política anal muito básica: tudo para dentro, receber tudo, deixar que tudo penetre e para fora mandar só merda e peidos, essa é a nossa contribuição escatológica para o sistema. Haverá quem veja nisso a típica política de uma passiva fundamentalista. Não me parece mal. Mas opor essa política anal à política falocrata da vida inteira creio que seja uma boa ideia. O esfíncter é perfeitamente capaz de se converter em sujeito político, se fechar e se abrir, se dilatar ou se contrair, como dizem os héteros inconscientemente necessitados de uma penetração, até não passar nem a barba de um camarão. O cu sempre foi objeto de violação, de vexação, de estigmatização. De desejo. Uma passividade mais passiva do que toda a passividade. Mero receptor. Órgão penetrável, traseiro, vulnerável, pouco vigiado, cuja única atividade política, sua única iniciativa própria reconhecível era se apoiar na parede como estratégia defensiva. Sempre houve uma política anal. Não sou eu quem a está inventado agora. O que estou inventando é uma política anal diferente. Que não vá para a defensiva, que não seja meramente receptiva, que não seja vergonhosa: meta-me tudo o que eu quero que entre no meu cu e depois recolha minha merda e cheire os meus peidos. Sinceramente, não vejo outra maneira de me relacionar com o sistema. E percebi que levo muito tempo fazendo isso de forma inconsciente. E que tem muita gente que anda por perto.

Como isso tudo é pouco elevado! Que coisa mais imprestável! Que vexame ler este livro! Como é impublicável, impudico, baixo nível! Que forma de atirar pedras no próprio telhado, de se enterrar para sempre, de perder qualquer credibilidade que você possa ter! Parece mentira! Pois meu projeto inicial era escrever uma ética bixa para que servisse de manual nas aulas da ESO. Mas foi saindo isto. Temo que tenha cagado tudo, mas, enfim.

No entanto, as propostas que fiz já dão para construir um futuro militante! Uma política cachorro louco, uma política de buracos negros, uma política anal... Não estou rindo de ninguém. Bom, sim, estou gargalhando na cara de muitos trouxas e cagando para eles. Eles bem que merecem. Mas não estou rindo de ninguém. Não estou rindo nem de mim mesmo. Isto não é um ato teatral. Tudo o que escrevo aqui são coisas em que acredito e as quais interessa publicar porque sua divulgação me parece necessária. E é melhor que isso seja feito por mim mesmo do que por outra pessoa, ou por ninguém, porque não se pode exigir das pessoas que ponham o cu como eu estou pondo, que se exponham desse modo e não se importem de ficar expostas. Além de qualquer instinto sacrificial, fora de todo vitimismo. Pensar é divertido. Escrever é divertido. Ser bixa é divertido. Militar é divertido. Tudo isso ou se faz por prazer, por gosto, ou não se faz.

O que eu não gosto é o pequeno catálogo a seguir, feito espontaneamente, roubado de uma despreocupada conversa de bar entre Manuel Andreu e Sergio Pérez. Um catálogo de coisas que enchem o saco, o meu e o de muitos outros. Não exaustivo, é o resumo inventado de uma conversa improvisada que eu estava ouvindo. Me enche o saco que não exista um carro alegórico do El Corte Inglés[16] no Orgulho. Me enche o saco que o Orgulho não possa fazer luzir o selo de garantia do El Corte Inglés. Onde as bixas de Chueca fazem compras? No supermercado do Corte Inglés. Porque quase não tem outro. Tanto é assim que estão a ponto de inaugurar outro supermercado dessa maravilhosa rede em pleno coração de Chueca, que no ano seguinte será abastecida quase que exclusivamente por El Corte Inglés. Se quiserem envenenar-nos todas, poderão fazê-lo. Dependemos de um monopólio para nos abastecer. Um monopólio um tanto homofóbico, mas que dá gosto de ir, como tudo é bem apresentado, muito caro, mas podemos nos permitir isso. Por isso preciso já do carro alegórico do El Corte Inglés na Parada do Orgulho LGBTQ. E quero que essa empresa se filie urgentemente à Associação de Empresários da Chueca. Não quero mais máscaras. Que tirem a máscara. Eu quero ir atrás do carro alegórico do El Corte Inglés, e que ele seja montado igualzinho à Cortylandia[17] no Natal, com bonequinhos e canções que eu cantaria com mais gosto do que as merdas das palavras de ordem políticas, sem rima, sem nada. Por acaso não merecemos, não compramos bastante deles? Eu acho que eles têm direito, vão ter uma boa acolhida no Orgulho e não devem ter medo, eu não vou

16 Rede de grandes lojas espanhola. [N.T.]
17 Montagem publicitária natalina tradicional do El Corte Inglés. [N.T.]

me ofender por um empresário da Chueca colaborar com seu dinheiro e prestígio, com toda a sua luxúria, na manifestação. Por que não?, como diria a Trasobares.[18] Muito a favor do carro alegórico do El Corte Inglés abrindo a manifestação do Orgulho. Que Deus nos cogam[19] confessados!

Me enche o saco ver sair nas revistas supostamente gays os políticos que só querem votos, aceitação pública, mostrando seu rosto amável em troca de conceder, com sua mera presença, benefícios empresariais e boas relações institucionais do governo da vez com as pessoas de dinheiro. Totalmente legítimo. Eles têm direito. E eu tenho direito de ir embora. Não é ilegal. Imagine. A essa altura não vou me meter com a *peseta rosa*.[20] Me enche o saco porque a homofobia não está nos rosnados, nas caras feias, em esperar o pronunciamento do constitucional para ver se eles nos odeiam ou não, se nossos direitos são legítimos ou não. A homofobia está no fato de o município não fechar todos os locais com *dark room* por não cumprirem as condições mínimas de salubridade exigidas. Fodemos entre baratas, chatos, mijo, ácaros, bichos, merda. Jogamos as camisinhas no chão, nem mesmo as cabines têm caixinhas de lenços de papel ou lixeiras. Nossos pulmões estão fartos de respirar desinfetantes de ambientes com cheiros indescritíveis, cheiro de creolina, de cloro. Homofobia municipal é não fechar esses *dark rooms* até que os empresários os tornem decentes e eles sejam inspecionados com frequência. Tomara que isso aconteça. E vou rir dos empresários que tentam nos mobilizar contra a homofobia e o assédio das autoridades. Homofobia dos empresários, que

18 Cantora de ópera transgênero espanhola. [N.T.]

19 Trocadilho com *coja*, que significa "encontre", e "Cogam", coletivo de gays, lésbicas e trangêneros de Madri. [N.T.]

20 *Peseta*: moeda espanhola anterior ao euro. A *peseta* rosa é o poder econômico ligado às causas LGBTQ, fundamentalmente formado por políticos, empresas e imprensa rosas. [N.T.]

nem se preocupam que seus estabelecimentos sejam caçambas de entulho ou criadouros de infecções.

Me enche o saco que continue existindo a maioria de locais em que não tenha preservativos e lubrificantes nos balcões. Em todos os balcões de Chueca, preservativos e lubrificantes. Homofobia empresarial é não ter. Homofobia empresarial é fixar cartazes dizendo que você pode pedir camisinhas nos balcões, mas que, quando você pede, por acaso nunca tem, acabaram. Homofobia das autoridades é não obrigar que isso seja assim. Não fizeram uma lei antitabagismo? Pois que façam outra, não precisa ser no nível estadual, mas no municipal, que obrigue a oferta de preservativos avulsos em locais de sexo. E que essa lei ou disposição também determine que em todos eles existam cartazes oficiais prevenindo contra a aids e as DSTs.

Me enche o saco a homofobia dos empresários que fazem uma política laboral de exploração. Empresários gays ou empresários héteros que gerenciam locais gays que não assinam a carteira dos seus empregados, que pagam salários ridículos, que dão o resto por fora, que dão férias quando bem querem, que não pagam hora extra, que demitem sem justa causa, que os acusam de roubo e assim economizam a multa por rescisão do contrato, que colocam os empregados uns contra os outros e os utilizam como testemunhas compradas nos processos aos quais a empresa responde. A homofobia não se conserta com um carro alegórico nem dando dinheiro para o comitê organizador da manifestação; a homofobia se conserta colocando em prática uma política trabalhista digna que não explore os empregados nem se aproveite das bixas mortas de fome.

Homofobia é a porra da reserva do direito de admissão e o *dress code*. Homofobia é não deixar as minas entrarem nos bares gays. Homofobia é deixar os imigrantes entrarem apenas às vezes. Homofobia é expulsarem os vendedores ambulantes dos locais, e as máfias empresariais se estabelecerem no Orgulho,

Eurulho ou Europride,[21] contratando segurança privada para impedir a venda de bebidas não autorizadas, que implica um prejuízo para os seus bolsos. Homofobia, misoginia e racismo. Dos empresários e da comunidade gay que prefere se divertir e continuar fazendo vista grossa.

Homofobia é ter convertido o gueto da Chueca como espaço livre em um gueto empresarial que já pertence a eles e está em suas mãos. Nem todos os empresários e empresárias são iguais, nem todos fazem esse tipo de política. Que fique bem claro. A Chueca é um gueto empresarial, e interessa que continue sendo porque concentra o consumo num espaço reduzido, é o paraíso para qualquer *expert* em mercado. O problema é que faz muito tempo que esse bairro é orientado pelas puras leis de mercado, da hotelaria, da especulação imobiliária, da segurança privada. Falta pouco para começarem a cobrar também a entrada no bairro. Com certeza isso já passou pela cabeça de alguém. Tudo isso me enche o saco, e fui anotando num *flyer* enquanto se desenvolvia aquela conversa, que também botava lá em cima a Comissão de Educação do Cogam, o trabalho que fazia em colégios e institutos etc. Cada um na sua.

Eu acredito que isso não são detalhes, mas que começam a se tornar males estruturais que atingem o coletivo gay. E que, se queremos acabar com esse tipo de homofobia, vamos chamá-la de "interna", de repente temos a surpresa de ver nossos amigos da vida toda rosnando para nós, rosnando de dentro dos bares, das empresas, até dos coletivos. Com quem foi que nos acertamos, a quem demos um lugar no movimento? É possível voltar atrás para ver os chutes que demos nos nossos próprios princípios? Eu creio que sim. E que será bom fazê-lo. E aplicar um código inflexível de ética bixa a este tipo de políticas. Um passarinho me contou que o Bloco Alternativo já propôs nas

21 Diversas paradas de orgulho LGBTQ.

altas instâncias bixissapas um código ético para os empresários da Chueca. E que pode colar. Sob a condição de roubarem a ideia deles e pendurarem as medalhas no próprio peito. Não faz mal. Alguns de nós não estamos buscando medalhinhas, mas trabalhando para que as coisas melhorem e mudem. Até que esse grupo se consolide e tenha um pouco de força, o suficiente para não ser pisoteado e saqueado, o mais provável é que vejam que todas as suas iniciativas acabam sendo adotadas, todas as suas propostas vão sendo admitidas, mais ou menos descafeinadas, sem dizer de onde procedem, que seus protestos encontram eco e a cada passo se tenta integrá-los no movimento gay oficial, o qual, por sua vez, procurará por todos os meios acolhê-los, para evitar a ruptura e ter que lidar com uma oposição dura, nascida, mais uma vez, no seu próprio seio. O movimento gay oficial está despolitizado, desideologizado e vazio de ideias: ele vai assumir tudo que ocorrer às pessoas de fora. Estão no plano buraco negro. A conjuntura é boa. A gestão do assunto, os ciúmes, picuinhas, tentativas de sequestro etc. já são coisa dos coletivos alternativos.

DARWIN PELO NOSSO PONTO DE VISTA

Tem uma coisa que eu detesto profundamente não só na política, mas em quase todas as áreas da vida: o puto do possibilismo, a pessoa fazer só o que for possível, o que for pensável, o que for racional, o que for previsível. Essa funesta inércia de se limitar ao que é possível para as bixas é um pé no saco já que, de saída, uma bixa é o impossível mesmo, nós, bixas, somos impossíveis, o impossível para muita gente, o que não deve existir, aquilo cuja existência não se compreende, cuja emergência na natureza é aberrante, um desvio, um absurdo, um extravio da evolução. Ainda que os que pensam assim não acreditem na evolução, mas numa fixação das espécies saídas já em estado de perfeição das mãos do criador ou, quando muito, tentem digerir o evolucionismo ateleológico darwinista mediante desfigurações ilícitas da anarquia evolucionista com fins premeditados da história onde tudo começa e acaba no Pai. O dado, o já existente, o que há, para qualquer criatura aberrante, diferente, distinta, supõe uma ameaça de normalização, de ser reconduzida ao curral do que é possível, do que não tem outra saída além de ser, e ser como é, e não ser de outro modo. A pressão natural e ideológica para reconduzir o que sai da norma para o que a segue fielmente e de modo majoritário não necessita de maior explicação: trazemos sua lembrança impressa em nossas carnes e em nossas psiques.

No entanto, somos uma puta mutação dentro de uma pauta heterossexual. A bixa é algo novo, que não existia, e tem que quebrar a cara para demonstrar que os dinossauros podem ser muito impressionantes, podem ser muitos, e que isso de ter a pele coberta de escamas é chocante, é o *must* do Jurássico, mas que andar por aí cobertas de plumas vistosas coloridas já é passado para a maioria spielbergiana. Ainda assim, as pluminhas acabaram triunfando e demonstraram ter todo futuro do mundo. Seriam absurdas, incompreensíveis, irreais, escamas imperfeitas, ridículas, risíveis, perfeitamente inúteis e supérfluas quando apareceram e proliferaram num mundo escamado. Mas saíram voando, assim como as escamas voavam, começaram a dar calorzinho, coisa que as escamas nunca deram, eram maciazinhas, levinhas, ideais para conquistar os céus. Toda essa fantasia darwiniana, sem a menor semelhança com a realidade, deve mostrar a nós, bixas, como fez Esopo, estas saborosas morais da história: "As plumas não servem para fazer o dinossauro", "Não compre escama por pluma". "Aproveite o que tem e não seja lagarto" e muitas outras que me ocorrem, mas o ensino básico do maravilhoso padrão das bixas, das trans, das lésbicas e de todos os seres mutantes e desviados da Terra é e continua sendo: "O órgão cria a função". Isto é, temos pluma, plumas, plumagem em tempos escamosos. Até o momento a única coisa que vem com manual de instruções são as escamas, viver escamados na terra, no mar e no ar, as escamas servem para tudo. Mas veja você que começa a existir uma galera com plumas, grande novidade, órgãos novos que saíram não se sabe de onde e que nem mesmo a tradição réptil conhece seu uso, e ele não se encontra em seus anais coriáceos.

Pois bem, e daí que os lagartos não sabem o que fazer com as plumas? E daí que os lagartos não me reconhecem como um puto lagarto porque sou suave, bonitinho e tenho meu corpo quentinho? É porque não sou uma cobra rastejante, mas um frango assado de calor no Jurássico, porque meus pais me ensinaram que ao meio-dia as pessoas normais subiam num penhasco quente e ficavam ali, imóveis até o cair da tarde para esquentar seu sangue de barata. E eu estou farto de duas coisas: de passar o dia todo como um trouxa estirado numa pedra pelada sem graça, dando pulinhos para não queimar os pés de frango, e de acabar com as plumas escorrendo, todas suadas, sufocadas, com o sangue a mais de sessenta graus fervendo nas minhas veias, com o bico aberto ao máximo, asfixiada, perdida, a vida perdida, a identidade perdida, a dignidade perdida, os ovos fritos sobre a rocha. Muitos frangos e até pintos pereceram tentando ser lagartos, como lhes diziam algumas sibilantes serpentes emplumadas, mas muitos outros cagaram para os lagartos, alçando voo sobre os odiosos penhascos onde nunca acontecia nada e terminaram sendo bons pintos, pintos de respeito, pintosos, pinktosos, pintosas.

Essas são histórias que gostaria de ter escutado quando pequeno, histórias de antinormalização, antiintegração: faça o que souber, utilize suas armas, o que tiver, tire o maior proveito e rendimento, não esconda suas plumas, invente coisas para fazer com elas além de arrastá-las pela lama e torrá-las na pedra. Que não lhe vendam a ideia de *ter que ser* como aqueles que *são*, de que com esforço, vontade e resignação você vai ser igual à maioria, igual a todo mundo: você é um galetinho fodido, uma galinha fodida, e nunca poderá ser uma lagartixa, nem um tricerátops. Também não se deixe trancar num viveiro e ficar engaiolada, quietinha, bicando a ração que te dão e disparando ovos a rodo para os lagartos comerem. Nem deixe eles te soltarem num curral para você se sentir mais livre porque, no fim, vão roubar os seus ovos da mesma forma na volta do passeio. Não é para mexerem nos seus ovos, mina, que você é uma galinha! Que nenhum hétero mexa com os seus ovos. Que nenhum hétero gerencie as suas plumas porque vai fazer isso em benefício próprio. Abaixo as bixas que comercializam seus ovos e os de nós todas, pois elas se envergonham do seu cu pelado de galeto. O heterossexismo regulador, normalizador e legislador está para uma bixa como os ovos Coren[22] para uma galinha. Panelas cheias de ovos roubados. Panelas cheias de ovos trincados. Politicapanela. Quem fica com toda a mais-valia (moral, econômica, ideológica, política, identitária) alienada nos pactos com o heterossexismo? Quem é que fica com a mais-valia dos galetos?

Nossas necessidades e direitos, a gestão e o uso de nossas plumas podem nascer apenas de nós mesmas, emanar de nós, e não cabe alienação nenhuma. Nem sequer cabe a mediação representativa porque não há um terceiro digno, apto, responsável, pistola para se tornar nosso representante, nosso porta-voz, porque nós, bixas, somos todas diferentes, nenhuma é igual à outra, não existe igualdade entre nós, as sapas são desiguais, todas distintas, cada buceta, cada cu é um mundo. Que ninguém venha me representar: eu sozinha me afundo sem precisar botar a culpa em ninguém por ter me deixado depenar com água fervendo em meu próprio nome e me pôr no fogo dentro de uma panela. Este galeto denuncia a tripla negação desse Pedro que

22 Grande marca de ovos da Espanha. [N.T.]

quer fundar uma igreja. Este galeto caga no campanário da sua igreja. Este galeto não vai se deixar transformar em cata-vento. Esse é o funesto destino da lei dos galetos e bixas, que nos transformem em cata-ventos, que nos deixem tesas e sem vida, que nos metam um pau no cu e nos mandem dar voltas em cima de suas igrejas. Não, Pedro, nem você vai fundar igrejas, nem eu vou ser cata-vento. Você faça a sua, negar três vezes, trair três vezes. E eu, a minha, cantar e contar: contar até três e cantar. Se você não me ouvir e não se der conta, alguém vai me ouvir me esganiçando. E se ninguém me ouvir, e daí? Eu não canto por esporte, nem ganho nada com isso: é simplesmente a minha natureza. Deus fala através dos galetos. Mas eu não dou uma de pomba da paz, nem me faço de Espírito Santo, fodendo escondido. Simplesmente, se você se chama Pedro e fizer o que não deve, uma, duas, três vezes...

GIRAFAS, BEIJA-FLORES E OUTRAS ABERRAÇÕES

Colega, o que você está fazendo agachado pastando com as vacas com esse pescoço desse tamanho? Meu chapa, porque você está comendo alpiste com esse bico de meio metro? Irmã, você está louca de correr atrás dos bichos sem usar essa língua de tamanduá? Evidentemente nem as girafas, nem os beija-flores, nem os camaleões são tão imbecis. Usam o que têm para competir em outros âmbitos, justamente naqueles em que estão melhor adaptados, melhor preparados, onde vencem com facilidade as vacas, os canários e as lagartixas. Só a bixa hispânica tenta competir com os héteros no terreno deles, sem usar seu pescoço, nem o comprimento do seu bico, nem da sua língua, nem as plumas, nem nada seu. E, claro, sai perdendo. É uma inadaptada, termina cansada, rende pouco para ela, come menos e põe sua vida em risco por seguir pastando com as patas abertas entre vacas com seu pescoço de girafa, enquanto todo o sangue desce para a cabeça. Eu vejo assim as bixas que perdem o cu, o cu, sempre o cu, toda política se faz com o puto do cu, para o bem ou para o mal, por ser como os héteros, por viver como eles, por copiar suas instituições, suas leis, seus costumes, seus valores, por arreganhar as pernas de girafa. Se você é uma bixa horrorosa, uma tremenda fanchona, uma trans descomunal, aprenda isso: você não está adaptada para viver como os héteros nem para tentar ser, se converter, se fazer passar por um deles. O seu futuro está em você se adaptar ao meio heterossexista com os órgãos que Darwin te deu, e se você é o primeiro bicho da Terra com uns apêndices planos e largos e não sabe o que fazer com eles porque você avança pessimamente pelo campo e cai dos galhos das árvores, se atira na água para ver o que é que dá, miga... Está vendo, cretina do caralho? Aposto que agora você acha legal e sai arrasando quando agita na água esses órgãos que te davam nos nervos. O nome é aletas, pedaço de panaca, e o que você está fazendo pela primeira vez na história, que você inventou sozinha sem ninguém te dizer, chama nadar, porque você é uma merluza embucetada. Ou pintosa.

Chega de fábulas, contos, morais da história, galetos, peixes e agitos. O que faz falta para uma ética LGBTQ, para uma militância darwinista, é a urgência da invenção e da criação, a irrupção do novo, do radicalmente outro em política, em modos de vida, no uso dos nossos corpos, na forma de habitar, de okupar as instituições, de montar relações, de reclamar direitos, cuspir em outros, abrir mão de alguns que a gente tenha, trocá-los por outros que ainda não existem, mas que a gente vai tirar da cartola porque não somos iguais ao resto do mundo. Por exemplo, o direito à mudança de sexo é algo que só pode ocorrer a uma galera que não se parece em nada com a turma da direita. O direito a te enfiarem um pau no cu até o talo quando você tiver vontade e sem ir em cana, sem ser discriminado, perseguido ou condenado à morte só pode ter ocorrido a alguém que faz um uso do seu corpo um pouquinho inovador em relação à maioria, embora também não seja uma inovação tão criativa assim. O direito de ser ministra, loura, peituda e comer todas as xanas que quiser sem que isso seja notícia ou fofoca nos corredores ministeriais teve que ocorrer a alguém que usava seu corpo para uma coisa diferente de meter necas na xana. As meninas que metem necas na xana conseguiram já faz tempo direitos especiais acerca da concepção e certas prerrogativas sobre o espaço aéreo terrestre. O crucial em tudo isso é perceber que pessoas diferentes criam direitos diferentes, exigências diferentes. E, até agora, o movimento gay não criou nada diferente do que já existe, do que os héteros inventaram para si mesmos. Nossos coletivos se limitaram à triste política – política feita com o cu, coisa rara – do *culo veo, culo quiero*.[23] Quero casamento, quero filhos, quero adotar, quero ser hétera, miga. Somos bixas, não héteros. Uma bixa que queira ser hétero sempre estará em desvantagem: carece das atitudes e da capacidade necessárias para ganhar de um hétero na disputa de quem é mais. Tapada perdida.

A adaptação sempre foi inovadora, nunca repetiu ou assumiu o que já existia previamente e outros já faziam. Adaptar-se é inventar. Evoluir é mudar, transformar, criar, desviar-se, torcer-se, desviar-se do caminho traçado, do possível. Quando algum poderoso me fala do que é possível para mim, imediatamente fico em guarda. Os políticos só falam do possível para as bixas, do que é possível para nós, de quando é possível, de para quantas é possível, de se nos interessa que seja possível, de que é possível mas seria prejudicial para nós: esse é o discurso opressor. Para criar uma estratégia de oposição, não adianta retomar, prolongar e ir na onda desse discurso, como têm feito os coletivos: me diga o que é possível e eu vou pedir. Me diga o que é possível, ou seja, o que convém a você, e vou pedir. Me diga o

---

23 Ditado espanhol. Literalmente: vejo cu, quero cu. É usado para se referir a alguém que imita outra pessoa. [N.T.]

que é possível, ou seja, como manter uma estrutura de controle social, e vou converter isso numa reivindicação do movimento gay. A única política de confronto real e realmente destrutiva em nível sistêmico – uma vez que os coletivos já fazem parte do sistema, os representantes das bixas pertencem a partidos políticos e sua ação só pode estar encaminhada estruturalmente para a reprodução das estruturas de poder heterossexistas a que pertencem – é uma política não possibilista do isto é possível, agora é possível, amanhã será possível, nunca será possível (o possível precisa ser enunciado, decretado por uma instância que cria, determina, julga, institui a ordem do possível, que nunca é factual, natural, ontológica, evidente, ao contrário: o possível é uma categoria política de opressão, uma vez que o âmbito do possível é sempre determinado pelo poder: entrar no jogo político da negociação do possível é um suicídio do movimento LGBTQ se essa for sua única estratégia de luta).

O absurdo é querer comer as folhas que crescem a cinco metros do chão e não as do prado ou as árvores mais baixinhas. Pois você pode, meu chapa! Nunca foi possível, era impossível, ninguém tinha pensado nisso, mas tem uma mina que nasceu com o pescoço deformado e aparece devorando tudo que cresce acima das nossas cabeças de vacas héteras. Uma tribo de ruminantes pigmeus não se põe a discutir sobre quem tem o direito de alimentar-se das copas das árvores. Eles não alcançam. Não é questão de debate político nem ético. Como uma reunião parlamentar sobre o que devemos fazer com as asas brancas que temos nas costas: não tem sentido porque não somos anjos nem temos asas. Mas, sim, algumas de nós fazemos com nossos corpos e mentes coisas que nem todo mundo faz, que pelo menos nenhum parlamentar faz, ou não diz que faz: aí é que tem que ser darwinista, inventar, criar, transformar. Outra estratégia política como a do cachorro, a do cu: romper com o estabelecido. Outra política é possível. Outros coletivos. Outros dirigentes. Outra manifestação. Outro Orgulho. Ainda que agora pareçam impensáveis. Nada é para sempre. Eu, como bixa, acredito na irrupção do novo e inesperado, num acontecimento em que ninguém havia pensado antes, no nascimento de novas propostas éticas, políticas, teóricas, filosóficas, militantes, o que for, conquanto rompam com o paradigma monolítico da negociação e do possibilismo como única forma de se relacionar com o poder, entregando-se a ele, já que é ele quem dita o que é possível para a comunidade LGBTQ e quando, ou, para falar claramente, como pode resultar inócua, inofensiva, útil, oportuna e rentável para o poder a gestão do horizonte de possibilidades, fechado, limitado e regulado por lei da comunidade gay. Eu confio em Darwin, em Feyerabend, em qualquer um que pense que, à força de repetir e repetir, acabam acontecendo coisas novas, surgindo o impossível. Eu acredito nesta palavra de ordem: Creia, creia, creia! Transforme, transforme, transforme, bixona!

A mutação na política, a mudança brusca de terreno, a imprevisibilidade absoluta, as iniciativas criadoras e inovadoras, as vias alternativas: você nada? Pois eu voo. Você corre? Pois eu hiberno. Você põe ovos? Pois eu bato bronha. Que você curte esporos? Eu vou de porra. Ninguém nos mandou, ou nos disse, ou nos convenceu, porque não eles têm cérebro, de que a estratégia política que segue até agora deve ser levada até o final dos tempos. Caralho! O que eles querem levar até o final dos tempos são os cargos e a ascensão pessoal. Podemos esperar pouco de quem já se instalou na política à nossa custa e fez carreira em nosso nome, expropriando-nos a nossa voz, permitindo-se o luxo de descreditar todas as lutas, as estratégias e as reivindicações que não fossem as suas, oficializadas, negociadas, pactuadas, impostas de cima. Política mutante, que cria órgãos para os quais ainda não há função, que tem que inventar a cada passo, que mesmo que fique sem saber o que fazer não deixa de atuar, de realizar ações sem sentido, confiante de que logo terão sentido, logo haverá um horizonte político em que elas tenham sentido, em que sejam compartilhadas por muitos.

Uma política que se furta a reivindicar o que é dado, o existente, o que nos é oferecido, consciente de que só a partir de nós surgem os nossos direitos, de que temos que nos inventar jurídica e socialmente, tirar proveito daquilo que somos em vez de hipotecá-lo tentando ser como não somos, como são os outros, vivendo como a maioria, renunciando à diferença porque apressadamente nos parece pouco adaptativa, quando a diferença é nossa única vantagem, nosso modo mais próprio de luta pela liberdade. Uma política que aposta em discursos novos – que não se reduzirão ao comércio negociador e à falação demagógica e de controle social –, em táticas de luta e estratégias irruptivas que fazem estourar, arrebentar, saltar pelos ares uma situação de *status quo* que nos vendem como definitiva e inamovível, nem melhorável, nem piorável, com a qual temos que nos contentar à força porque não há nada mais o que nos dar, nada mais o que fazer, nada por inventar. Puro conservadorismo político, que impregna até mesmo nossos coletivos, até nossas mentes de bixas cada vez mais desmobilizadas, mais conformistas, mais orgulhosas e menos reivindicadoras.

Foi obtida a paz social com as bixas, lésbicas e trans: essa é a minha besta fera, e é aí que se concentram todos os meus medos, a castração política do movimento gay, o cancelamento da nossa luta no conjuro paralisador de que o que já temos é suficientemente bom, de que qualquer mudança futura será pior e que não convém levar tantas vezes a ânfora da reivindicação até o açude dos direitos políticos pois ela pode acabar quebrando, nova versão velada do fantasma do involucionismo e o retorno da homofobia, se a gente for muito chata. Mas talvez a minha ira se volte menos para os zaphéteros que nos deram um par de leis e que mudaram o tom geral do seu discurso com respeito a nós – algo que me fascina, me deixa perplexo, me enche de incerteza, reconhecimento, paralisia facial, simpatia diante de uns seres que, nunca vou entender por quê, se esforçam em fazer coisas boas por nós e nos curtir de bom coração, imbuídos de solidariedade e espírito cidadão –, do que para aqueles que, do nosso lado, se fazem de politicozinhos de meia-tigela tentando conter as massas, pedindo que as bixas não se sublevem, vamos dar em troca tranquilidade na rua, manifestações coloridas, benefícios econômicos, bonanza bixa, os pioneiros bixa, *Matrix* bixa. O pior? Eu suspeito que os zaphéteros sequer esperam isso de nós, nem nos pediram isso, nem exigiram dos coletivos, e suspeito também que o desmanche ideológico que sofremos advém mais de uma inibição nossa mesmo do que da repressão ou da ameaça alheias. Exceto a homofobia secular e genética da direita católica espanhola da vida toda. Esses aí eu continuo temendo, embora não me deem medo nenhum.

Dentre um milhão de mutações, apenas um par delas sai adiante, é realmente adaptativo. A criação, a mutação do dado, o surgimento de novas diferenças, sutilíssimas, quase imperceptíveis, não é bem-sucedida a curto prazo, não dá recompensas imediatas, mas é esse o segredo de não se estagnarem. Um pinto que nasce com um bico dois milímetros mais longo que o dos pais e acaba não se dando mal, se alimenta corretamente, engendra pintos com picos dois milímetros mais longos. E depois de um milhão de anos um desses pintos põe um ovo do qual vai sair um tentilhão com um bico dois milímetros mais longo ainda... Nós, bixas, temos tanta paciência? Eu com certeza não. Felizmente, essa metáfora, que nada tem a ver com o darwinismo social, não fala de prazos, mas da necessidade e da urgência de inventar coisas, de mudar o que é dado, de sacrificar muito, de ter vergonha na cara, como eu estou tendo, de errar muito, de arriscar nas estratégias, de quebrar a cara e levantar, de não ter medo do que possa cair em cima de nós na nossa tentativa de encontrar caminhos inovadores para a militância e desbloqueio do movimento LGBTQ. Crie biodegradabilidades, deixe-se surpreender e surpreenda, assombre-se com a demanda e o desejo das pessoas, com seu fastio com o indiferente. O conservadorismo nunca deu nada novo, nunca inventou nada, nunca apostou em nada. O espírito conservador não é feito para nós. Nem por um pouquinho de proteção legal devemos nos tornar conservadoras, meros depositários de um breve respiro histórico numa terra de bixas massacradas e violentadas. É preciso inventar, criar, desenvolver e pôr em prática todos os mundos possíveis melhores que este para as bixas.

Outra palavra de ordem: se você teve uma ideia, ponha-a em prática! Bata as asas antes de saber que treco é esse que você desenvolveu nas costas, antes de saber o que é voar e se há uma relação direta entre ter asa e voar. Descubra novos usos da sua mente, do seu corpo, do seu ser bixa, trans, sapa. Uma leve turbulência acaba se convertendo num redemoinho, um leve tremor se expande até provocar um maremoto, uma rachadura minúscula derruba um prédio de preconceitos, uma suave inclinação gera uma catástrofe ideológica, a mais inócua heterodoxia arruína um dogma, um cartaz feito às pressas com caneta hidrográfica, colado numa ripa com fita crepe, acaba sendo visto por milhares de pessoas, gera simpatias, solidariedades. Eu sou otimista e confio enormemente no poder do pequeno, das micropolíticas, dos efeitos imprevisíveis de tudo que faço, de cada linha que escrevo. Sei que noventa e cinco por cento de todos meus esforços acabam no lixo, se viram contra mim mesmo, não ofendem ninguém, não incomodam ninguém, não contribuem com ninguém, não geram nem uma pontinha das esperanças que eu tinha depositado neles, nunca correspondem às minhas expectativas. Mas, às vezes, quando há sorte, um paragrafozinho feito ao acaso, descuidadamente, um paragrafozinho de transição, nada importante, de recheio, desenha um sorriso em quem lê, desperta uma ideia maravilhosa em alguém, ganha vida própria e, suponho, acaba tendo algum efeito que não mudará o mundo, mas pelo menos, por alguns segundos, terá provocado um sorriso, terá suscitado indignação, terá gerado cumplicidade ou obtido solidariedades.

A minha revolução é muito pequena. Meu riacho é apenas um fiozinho. Mas sem fiozinhos de água não há inundação possível. E quando a enxurrada chegar vai pegar desprevenidos todos que riam das tímidas regueiras que desciam o morro, capazes apenas de arrastar umas folhas e quatro gravetos. Pois agora você ficou sem casa, sem cidade, sem ponte e sem colheita. Eu vejo um grafite na parede, um cartaz massa, um lambe-lambe incendiário, um panfleto com mais motivação do que design ou ideia, quatro que decidem fazer algo juntos, uma ação organizada numa tarde boa, uma okupação efêmera, e me arrepio toda, creio no futuro, eleva meu moral, confio nas pessoas de cara e fico com vontade de começar eu também a fazer coisas. É necessário estar atento à inércia das massas. E neste país nós, bixas, nos convertemos em massa inerte desmobilizada. Eu estou atento ao que duas de vinte bixas fazem, três trans dentre quarenta, cem pessoas em um milhão, porque me parece ver aí uma verdadeira força de mudança ideológica, uma atitude militante engajada, a garantia de que nem tudo está consumado.

Como frangos sem cabeça

> O prazer do texto é esse momento em que meu corpo começa a seguir suas próprias ideias – pois meu corpo não tem as mesmas ideias que eu.
>
> ROLAND BARTHES

DESAFIANDO A GRAVIDADE

A força da gravidade é uma coisa tremenda. Está aí o tempo todo, nos puxando para baixo, fazendo com que nos cansemos, tornando um horror a subida de escadas, transformando o prazer da comida em um inferno de quilos a mais, destruindo o móvel novo contra o chão, sempre tendendo a um tropeço para nos obrigar a cair de boca num vexame horroroso. Enfim, a força da gravidade é uma merda para as bixas e corta muito nossa liberdade. Eu sou do contra e luto para vencê-la. Tudo isso é uma solene abobrinha. Mas sempre tento tirar algum ensinamento do óbvio e das coisas mais absurdas. Comparo a força de gravidade com o heterossexismo, a transfobia e a homofobia. Estão sempre atuando, com a mesma força e intensidade, limitando nossos movimentos, fazendo-nos cair, dificultando-nos o ato de levantar e ficar de pé, causando-nos tombos, obrigando-nos a nos arrastar.

A gravidade homofóbica é uma força silenciosa onipresente. Há outros tipos de forças que ocasionalmente podem vencê-la e mandar um foguete para a Lua entre aplausos e celebrações, mas a felicidade termina logo, o esforço é enorme, breve e muito intenso. E a gravidade continua aí; derrotada durante alguns segundos, volta imediatamente com carga total. A homofobia é um horror. Ninguém se levanta pensando que nas próximas vinte e quatro horas vai ser submetido à implacável lei da gravidade e que não pode fazer nada para impedi-la, e vai resistir a ela o quanto puder, que empregará estratégias para utilizá-la a seu favor, tomar o elevador, vai deixar de pedalar na descida e poderá avançar sem esforço com todo o frescor no rosto, vai escorregar no tobogã, vai saltar de cabeça do trampolim na piscina, vai gritar na balança da farmácia se tiver perdido meio quilinho, vai se exibir com plataformas que a desafiam sem pudor. Às vezes a gravidade tem suas vantagens. Mas é muito cansativa e chata pra caralho. E nunca é notícia. Salvo em raras ocasiões. O foguete que se estatela, o avião que cai, o operário terceirizado que se precipita em um novo acidente de trabalho e algumas mais. No entanto, ela sempre está lá, puxando para baixo, silenciosa, discreta, sem baixar a guarda, sem perder uma pitada de seu enorme poder sobre toda a superfície terrestre, influindo em nossos corpos, em nossas tetas cada vez mais caídas. Isso não é notícia. É assim e ponto.

Maldita gravidade. E maldita homofobia. Desde que nos levantamos, cada hora, cada minuto, cada segundo a homofobia está aí. O heterossexismo não deixa de exercer seu poder. A transfobia nos esmaga contra o centro da Terra. E também não é notícia. Salvo em raras ocasiões. Uma trans morta, uma bixa apedrejada, umas sapas assediadas em suas cidadezinhas. Desafiar a gravidade homofóbica sempre é um circo e requer um investimento de tempo e esforços desproporcionais. Só de vez em quando as bixas conseguem mandar um foguete para a órbita. E isso não afeta em nada a gravidade da homofobia. Simplesmente faz muito barulho. Para pouca farinha. A gravidade homofóbica não sai nas capas de jornais: "Hoje a homofobia continua atuando em nosso país com a mesma força e intensidade cotidiana que nos últimos quinhentos anos", ou "Hoje a força da gravidade continuará atuando na Espanha com a mesma força e intensidade que nos últimos quinhentos milhões de anos". Não tenho a mais remota ideia de quando se formou a Península Ibérica. Mas acho que me faço entender. O heterossexismo e a homofobia não são notícia, como a força da gravidade também não é. Só quando matam. Mas isso não quer dizer que não existam, que terminaram, que perderam sua força. Há gravidade neste momento? Tire uma prova. Dê um pulinho e se, em vez de subir e subir até acabar em Marte, em poucos segundos você estiver com os pés de volta na Terra é porque a gravidade está aí, ainda que você não se lembrasse dela. Há homofobia neste momento? Tire uma prova antigravitatória... Para mim, os avanços legislativos ocorridos sob a benfeitora figura de Zaphétero, que, repito, não deixa de surpreender-me gratamente, me parecem iguais a esses voos divertidos que conseguem uma gravidade zero durante alguns segundos. Sobem muito alto e logo depois se abandonam em queda livre como se não houvesse amanhã e os tripulantes têm a sensação de ausência de gravidade. Se continuassem caindo teriam a sensação de uma baita porrada. Felizmente a nave retoma a força acionando os motores e tudo acaba sendo uma experiência divertida e cientificamente interessante. Neste país estamos vivendo essa sensação de ausência de gravidade e andamos como loucas brincando, abrindo um refrigerante para que as bolhazinhas flutuem, pirando por voar um pouco e virar astronautas, mas falta pouco para voltarmos à normalidade e aterrissarmos pesadamente na homofobia do dia a dia. Sem leis.

Cada vez que tentamos resistir à gravidade homofóbica, cada vez que lutamos contra ela, vencendo ou não, nos acusam de fazer barraco. Como quem manda um foguete ao espaço. Somos umas escandalosas, as bixissapas. Sim, mas é que a discrição e o silêncio são virtudes da gravidade homofóbica, não de quem luta contra ela. Por que não somos discretas, nos integramos, deixamos de ensinar nossos corpos, de travestir-nos, de fazer barulho, de escandalizar? Porque toda luta antigravitacional necessita de um desenvolvimento de meios descomunal e sempre chama atenção. A gravidade homofóbica está da parte deles e contra nós. E faz o mesmo barulho ao levantar-se pela manhã, calçar o chinelo, entrar no banheiro, mijar e esperar que o jorro não vá para cima, mas que caia dentro do vaso: isso é a homofobia. Tão comum, tão habitual, tão imperceptível, tão acostumado, tão fodido, tanto que parece que não se pode viver de outro modo. Que não nos acusem de fazer barraco quando a gravidade está a seu favor. Você sai na rua, uma velha te olha atravessado, te chama de cadela e já te acusam de estar fazendo algo errado. Você veste as suas melhores roupas, suas plataformas mais maravilhosas, entra numa igreja que parece bonita e o barraco que armam porque supostamente você está quebrando algum código. Desafiando a gravidade. Há gravidade neste momento? Há homofobia? Farei outra vez o teste. Nada, não saí voando. Nada, o padre me negou a comunhão. A última vez pensei que fosse pelo fio dental e as meias arrastão, mas hoje vim com roupa de flamenca. Eu vi na TV no Rocío as mulheres vestidas de flamencas comungarem, milhares delas, como eu. Não sei. Vou fazer a barba e o bigode da próxima vez e esconder o chumaço de pelos que aparece no decote de bolinhas. A gente já não sabe o que fazer para se reconciliar com a lei da gravidade.

Suponho que o segredo, mais do que acabar com a gravidade homofóbica, coisa impensável, é utilizá-la a nosso favor com um pouco de inteligência. Assim como os heterossexuais que construíram tobogãs superdivertidos nos parques aquáticos que sem gravidade não teriam atrativo algum, as bixas temos que aprender a usar a gravidade e o atrito para nos mover e avançar numa Terra heterossexista gravitacional. Mas se resolvermos resistir metendo o louco, e construir foguetes cada vez mais potentes e armar um barraco dos diabos, também não creio que seja censurável. A gravidade é boa. Você bota alguma coisa na bolsa e ela fica lá dentro. Para as chaves é muito prático. Você não vai perdê-las. Se abrir a bolsa elas ainda vão estar lá. Não se extraviam por terem saído flutuando. Você dá um pulo e não vai parar na

Lua. A gravidade tem suas coisas, nós nos criamos nela e vamos morrer com ela. Algo de bom devem ter o heterossexismo e a homofobia sendo também eternos. A coisa é descobrir o truque. Pois não. Aqui se acaba a comparação. Não é preciso descobrir o truque dos homofóbicos. É preciso acabar com eles, proibi-los, encurralá-los, não os deixar viver, ser contra a gravidade homofóbica. Porque a homofobia não é a lei da gravidade, não são igualmente necessárias, não é questão de natureza, não precisa ser um Newton para ser uma bixa militante.

Vamos lá, exame de resistência LGBTQ. Apresentação. Um problema de física social. Se uma maçã cair e acertar a sua cabeça é pela gravidade. E se foi atirada por um heteroespañolitofilhodaputadadireitaquecrêemdeus é homofobia. Primeira pergunta: Esses dois eventos apresentam a mesma necessidade? Segunda pergunta: Como evitar que a maçã caia? Terceira pergunta: Como reagir quando um homofóbico atira uma maçã? Quarta pergunta: A gravidade e a homofobia são equiparáveis? Quinta pergunta, de múltipla escolha: Se você empurra para um penhasco um heteroespañolitofilhodaputadedireitaquecrêemdeus e ele cai estripado contra as rochas: a) É homofobia?, b) É passar de todos os limites?, c) É a mera lei da gravidade?, d) É a lei da ação e reação? ou e) Eu não faria isso, mas dá um gostinho pensar aqui comigo.

O CÉREBRO NÃO DEVE BLOQUEAR A MÃO

Aja sem pensar é de certa forma o lema que impregna uma política LGBTQ provisória. Para falar um pouco de filosofia, Descartes, de quem todo mundo ouviu falar, enquanto inventava o discurso do método e chegava a construí-lo perfeitamente, a criar umas pautas de comportamento racional inexpugnáveis que sempre garantiram a chegada a um bom porto, se viu metido num problema relacionado à ética do qual saiu propondo uma "moral provisória". Isto é, por mais que eu quebre a cabeça inventando um método infalível para a ação e para chegar à verdade sem erros, terei que seguir vivendo, levando a vida dia a dia, não posso ficar sentado numa cadeira pensando. Pois bem, para desbloquear a mente e poder viver enquanto derretia os miolos, Descartes teve que fazer uso de sua "moral provisória", sabendo que não era definitiva, que não era verdadeira, que não era a última solução, mas que permitia ir em frente e continuar com a vida de todos os dias seguindo umas pautas mínimas de bom senso. E no final ela teria de ser abandonada, mas até então essa ética vai ter cumprido sua função e nos livrado de um *impasse* ético e político que ameaçava nos imobilizar. De certo modo eu pretendo o mesmo com a ética LGBTQ: sair do atoleiro, fazer uma ligação direta, arrancar e levar esse carro para a oficina para consertar a partida elétrica. Tudo muito provisório e até mal feito, mas não podemos ficar parados.

Continuo com referência filosóficas. Dessa vez de um padre. Santo Agostinho. Eu trago uma tremenda palavra de ordem dele que assusta até os próprios padres: "Ame e faça o que quiser", em latim *"Ama et quod vis fac"*, em catalão *"Estima i fes el que vulguis"*. Tenho a pachorra de colocar em catalão porque as bixas do FAGC[24] botaram na rua uma palavra de ordem fantástica que me lembrou o adágio agostiniano: *"Estima com vulguis"*, em castelhano *"Ama como quieras"*. A explicação de uma frase tão maravilhosa na boca de um padre da Igreja sempre foi que, se você amar – entendendo por amar o que entendia Santo Agostinho e o que entendem os padres –, você pode fazer o que quiser porque isso terá nascido do amor (de Deus) e estará certo. Ame e mate mouros, ame e massacre o novo continente, ame e mate os indígenas, ame e mate os republicanos, ame e queime hereges, ame e extermine as bixas: se nascer do amor (de Deus), estará

---

24 Front d'Alliberament Gai de Catalunya – Frente de Libertação Gay da Catalunha. [N.T.]

certo e Santo Agostinho o abençoará. Isso é muito prático para adaptar às bixitrans, por mais absurdo que pareça. Ficaria mais ou menos assim: "Seja bixa e faça o que quiser", "Seja sapa e faça o que quiser", "Seja trans e faça o que quiser". Eu confio na bondade do que as bixas fazem com seus corpos. Desde que não se misture com motivações espúrias e com o próprio interesse e com o próprio cu. Nesse caso, a palavra de ordem não vai valer, porque obedecerá aos interesses de classe, raça, corporativos etc. É uma exigência ética tremenda essa de ser bixa e fazer o que lhe der na telha porque tudo estará certo. A armadilha está em como entendemos o que é ser trans, sapa ou bixa. Boas e más. Não sei se isso leva muito longe ou conduz à discriminação. Há muitas sodomitas neoconservadoras que fazem o que querem e acabam com a minha palavra de ordem porque me dão náuseas. Será que não são bixas? Política de exclusão *ad hoc*. Não sei.

O que me interessa dessa frasezinha é que ela é portadora de otimismo e de confiança no que somos. E que, em vez de bloquear nossa ação, nossa intervenção na realidade, estimula-a, exige-a. Seja bixa e atue! Ponto. Não esquente mais a cabeça. Está tudo certo. Não fique meditando e pensando, perdendo o tempo sem fazer nada, matutando se estará certo ou errado. Isso colocará as bixas de partido, politizadas, vereadoras e deputadas negociadoras de cabelos em pé, mas não estou falando para elas, estou falando para outros, para a galera comum, para os que querem fazer coisas, mobilizar-se, atuar, quebrar o silêncio, redefinir, retomar e encher de sentido a palavra *resistência*, uma palavra tão "libertária", palavras de ordem que a inibição, de um lado, e a enxurrada direitizante, de outro, querem converter em velharias, em bombas da guerra civil enterradas, umedecidas, com o detonador estragado, desativadas. Pois vá mexer mais do que deve para ver se não arrebentam a sua cara de bobão.

Eu digo o que vai me ocorrendo. Ponho em prática a palavra de ordem de atuar sem pensar, escrever sem pensar, sou bixa e escrevo o que me dá na telha, amo como quero e faço o que quero, o que me ocorre. E tudo bem. Suponho. Mas é melhor isso do que não fazer nada e me calar por medo, por não saber se vou enfiar o pé na jaca, por pavor de errar, de estragar tudo. Seja o que Deus quiser. Agora me lembro uma lição de psicologia barata que me deram na universidade que me marcou para sempre. Falavam de um termo de psicologia americana que era mais ou menos assim: *"Legwork"*, "trabalho de pernas", muito recomendável para sair de ondas de bloqueio mental, depressões, ficar afundado no sofá, cochilando o dia todo e jogando a vida fora. Os ianques são muito simples com suas coisas, mas tremendamente eficazes quando resolvem fazer. A recomendação terapêutica tão básica e tão boba é algo como: "Se você estiver mal, deprimido, sem vontade de fazer nada, sem iniciativa, sem ilusões, se estiver vendo tudo cinza, se não vir sentido em nada, mesmo assim, faça coisas, atue, reaja, deixe que os seus pés o guiem, não a cabeça, é ela que o bloqueia e o mantém afundado na inatividade; então, se a sua cabeça o impedir de andar, deixe as pernas andarem, elas sabem andar sozinhas, saia para um passeio, dê uma volta, levante do sofá, um passinho e depois outro, num andar sem pensar, sem rumo, sem saber aonde ir, é benéfico por si só, produzirá encontros com pessoas, você vai sair da rotina da preguiça, vai ficar feliz de ter saído para a rua e, no caminho, fazendo o caminho, vai descobrir talvez um sentido para o fato de que os seus pés o estão conduzindo a algum lugar sem que você tenha dado nenhuma ordem a eles". Se você estiver deprê, levante-se e caminhe. Ainda que não exista horizonte, nem meta, nem motivação para fazê-lo. É surpreendente o poder do fazer coisas, das atividades, ainda que seja sem vontade, ainda que não se saiba para que fazer, obrigar-se a agir sem pensar, porque às vezes o pensamento freia a ação em vez de orientá-la e servir de incentivo a ela. Tente, faça e os resultados virão sozinhos.

Dá vergonha e pavor ter feito este livro sem pensar, ele saiu, eu estava de saco cheio de tanta merda, de escutar babaquices e engolir lixo conservador, explodi e escrevi em dois golpes, vomitei o livro. Pode ser que nem o gato vá ler. Pode ser a minha própria tumba. Pode ser que nem uma única bixa, nem uma única trans, nem uma sapa se sinta interpelada pelo que eu digo aqui, que nem um único coletivo, nem um grupinho radical LGBTQ se veja representado nas minhas palavras. É o mais provável. Mas também pode acontecer que, contra todo o prognóstico, minhas abobrinhas circulem entre alguns gatos pingados, ou alguns imbecis se sintam maltratados e ofendidos, feridos, insultados. Não sei, espero que aconteça alguma coisa, que as coisas se movam um pouquinho, que o parreiral balance e caiam alguns cachos de uvas maduras, secas ou podres. Reconheço que uma parte deste livro, muitas ideias e fatos que aparecem aqui, eu resgatei de uma época um tanto conturbada para mim, de um projeto de escritura anterior inclusive a *Homografías*, de uns arquivos datados de 1997 e 1998 que continham um esboço primitivo de uma "ética bixa" que não cheguei a escrever e que nunca acabei, mas dos quais também nunca dei cabo.

Nunca se sabe com certeza o destino daquilo que se faz, mesmo que se deixe na gaveta. Dez anos depois, tudo encontra seu lugar e seu momento. Se há tanto tempo está escrito, guardado e arquivado é por algum motivo. Aquelas tripas se arrebentaram e continuam arrebentadas. Mas naquele momento eu não agia sem pensar, não escrevia sem pensar. Era mais comedido e zeloso da minha reputação de bixa. Agora já ajo sem pensar e dá tudo mais ou menos na mesma. Quando a gente é uma jovem estagiária é um pouco mais vulnerável; já velha e instalada não é tão fácil de montarem em cima: conquistadas certas seguranças básicas que te fazem intocável, você sente o seu cu resguardado. A sua vida é mais sólida, mas o seu cu está mais flácido: por isso ele deve ser mais exposto. Antes, a sua bunda atraía por dentro da calça jeans; agora você precisa mostrá-la muito, rebolar muito, pôr a bunda ao ar livre para comer um pão amanhecido. A alternativa é esconder a minha bunda caída para não me expor ao ridículo. E não caçar uma merda. Ou esconder seus couros ressequidos no couro novo de uma poltrona cara, maciazinha, envolvente, bem paga, acadêmica, política, e fazê-la brilhar, ter sucesso, sair na TV. Nem fodendo. A minha bunda velha chama atenção, tem seu ibope. E muito mais paciência. E muito mais sem-vergonhice. Não será por tentar. Sou uma bixa velha, intocável, cada vez mais intocável: claro, estou mais feia, menos desejável, menos viçosa; mas mais que intocável, estou intacta, bundinha intacta e caída por sofrer por muitos anos os efeitos da implacável gravidade. E daí?

ARREBENTAR A CENSURA RACIONAL HOMOFÓBICA

Política bixa provisória, para tempos de imaginação escassa: enquanto não se sabe o que fazer, é preciso fazer alguma coisa, equivocar-se, ir em frente, pisar na jaca. Isso já é o bastante. Correr como um frango sem cabeça. Bastante perturbador pelo menos. Talvez não leve a lugar nenhum, mas toque o terror, e transmita um não ter renunciado apesar da cabeça cortada, um ter forças, vontade, ir em frente até o fim, energia, vida. Eu não sei qual pode ser a eficácia política de um batalhão de cem frangos sem cabeça correndo como loucos, sangrando, se esbatendo contra as pessoas, mas a imagem me parece impressionante, impactante, demolidora. Ajo porque tudo é absurdo. Creio porque é absurdo. Não me peça contas. Isso te incomoda? Pois eu já consegui o que queria, não me peça mais justificativas. Você que se justifique por me sacanear. Ou você acha que está tudo bem? Por que as homofóbicas não têm nenhuma vergonha de nos sacanear e nós vamos ter que montar todo um discurso ideológico-político-ético-social-identitário para distribuir porrada a torto e a direito?

Quando as circunstâncias apertam, quando seu corpo precisa se soltar, dizer algo, dissipar a repressão, você acaba recorrendo a lapsos freudianos, ao *acting out*, a enfiar o pé na jaca no meio da conversa, você erra, diz justamente o que não deveria falar nesse momento diante dessa pessoa, fica corado, tem um ataque de riso nervoso, uma poluição noturna: todos os esforços de contenção, de manter a compostura, fracassam e nosso corpo acaba nos vencendo, arrebentando o bloqueio com ardis que não sabemos controlar racionalmente. Para fazer política, é preciso aprender com o nosso corpo, com os seus subterfúgios, com o modo como nos engana, nos leva aonde quer sem que a gente perceba, engana nossa vontade, nossa determinação, com o modo como nosso inconsciente zomba de nós. Isso é política. Isso é rir do sistema, do nosso sistema de controle repressor. Faça o que você estiver a fim, o que precisar, o que o seu corpo pedir, associe livremente e leve-o para a prática, quando muito consulte um par de amigas antes sobre a inconveniência do seu despropósito, envolva-as ou acate o que disserem e depois vá para a rua pintar, retratar, escrever, chiar, organizar uma manifestação, fazer um cartaz, uma performance, uma colagem, mas faça algo!

A estratégia de fazer sem pensar às vezes é a única saída e, paradoxalmente, a forma mais inteligente de romper a censura racional homofóbica. A razão e a prudência heterossexistas que interiorizamos desde muito pequenos dizem: não é digno, vai ser mal visto, não é lógico, não está bom o suficiente, não vou fazer, tem gente mais preparada, outros que tomem a iniciativa, isso que pensei é uma bobagem, vão rir de mim, vão nos esmagar, vamos ficar diluídas em meio a tanta gente, vão nos tachar de antigas, de vermelhas caducas, de anarquistas com a validade vencida.

Para mim dá no mesmo. Este livro não tem qualidade alguma, é cheio de obviedades que muita gente pensa, insatisfações comuns, raivas solitárias, nojo e vômitos compartilhados, mas eu decido fazê-lo sem pensar, porque não encontrei outra forma de romper meu bloqueio mental, minha inatividade, minha apatia, meu pensar que as coisas não têm sentido, que nada vale a pena. Prego com o exemplo. Antes perguntei e dei para duas ou três pessoas o lerem, e elas me animaram, pessoas que eu sei que não querem meu mal, nem vão oferecer um precipício para eu me jogar sozinha, nem querem que eu me despenteie. Vale tudo para romper o bloqueio racional do dizível, do pensável, do digno de ser colocado em circulação, do politicamente possível: isso é a censura racional patriarcal, heterossexista, transfóbica e homofóbica do respeitável, do colocável, do recebível, do escrevível, do publicável. Pensada justamente para evitar o assalto do irrecebível, do ilegível, do impublicável, do impensável, do indigno, do incontrolável, do irracional.

Assim como a razão é patriarcal, também é heterossexual, heterossexista, homofóbica e nos amordaça quando queremos usá-la porque foi inventada para nos calar e nos massacrar. Cuidado com a razão! É preciso colocá-la em curto-circuito, se algo for sisudo e racional demais, provavelmente será heterossexista e homofóbico. Se algo estiver muito bem argumentado, pensado, articulado, dito com tom convincente, certamente irá contra os e as transexuais. Eu não confio na razão nem no seu potencial libertário. A razão sempre supôs nosso genocídio. Tudo quanto nos fizeram, sempre foi e será feito em nome da razão, do racional e do razoável. Nunca nos exterminaram nem perseguiram gratuitamente, por esporte, sempre houve razões por trás, crenças, religiões, motivos muito decentes e busca do bem. A razão nos prejudica, é um instrumento de poder. Eu sou racional até que me sinto oprimido e urge a pressa de me livrar do pé que pisa no meu pescoço. Os pés homofóbicos estão aí, imprimindo a sola na nossa pele por alguma razão. As bixas, trans e sapas sempre estivemos fodidas por alguma razão, pela Razão. Nunca faltam razões para apedrejar uma trans. Caralho!

Como vamos confiar na razão? É preciso colocá-la em curto-circuito quando não nos serve, quando não nos deixa expressar nem pensar, é preciso ser mais brutos, com pensamento e ação mais imediatos, minimamente reflexivos, mas talvez tremendamente eficazes, brilhantes, surpreendentes. Sempre vai haver quem, depois, interprete essas ações e as coloque em um lindo e apresentável arcabouço teórico. Uma política LGBTQ com o justo de razão, de razão o justo para que não estorve a revolução, a emancipação, a liberação. Não há uma razão justa, apenas o justo de razão. A razão levada ao limite conduz à opressão e ao extermínio. Uma coisa é o justo, outra é a razão, e outra o justo da razão. E com o justinho de razão se podem fazer muitas coisas e romper o bloqueio racional a que o poder nos submete.

O fundamental é que alguém faça algo. Que drible a razão com seu fazer, como o frango sem cabeça. O frango começa a correr tarde demais, quando já cortaram a cabeça dele. De que servia ter a cabeça se ele se deixou agarrar e agora, quando o decapitaram, corre feito um condenado? Se a sua cabeça faz você perder a cabeça, corta e cai fora antes de que te peguem. Se o poder usar a razão como mecanismo de controle, eles vão te decapitar em nome da razão; se a homofobia for te decapitar para você não perder a cabeça, você mesmo deve cortá-la e atirar neles. E se quiser durar mais como militante, não corte, simplesmente use-a de maneira justa: para chupar paus e bucetas, mas não para pensar, pois você vai acabar afundado na inatividade e desmobilizado. Aja sem pensar: a academia tem legiões de Judiths Butlers para nomear e dar forma teórica às ações revolucionárias que saíram das ruas sem pensar, por necessidade, por urgência de sobreviver, por diversão, para entreter-se, para lutar. Eu mesmo, se alguém quiser, me presto a fabricar uma matriz teórica ao que se fizer, se valer a pena e mobilizar a galera. Mas antes é preciso fazer algo. A ação revolucionária não nasce de Judith Butler. Nasce das trans. A mim não me ocorre nada o que fazer. Mas se ocorrer a alguém e essa pessoa desejar que aquilo tenha um nome bonito e ribombante, eu batizo, sistematizo e transformo em estratégia. Certeza que alguém acabará ensinando na universidade e cobrará por isso e ganhará prestígio em troca. Mas isso não me importa. Que cada um ganhe seu pão como puder, inclusive ensinando a revolução a partir de uma posição de classe de patricinha privilegiada. Eu me incluo em tudo isso também. Sou um desastre mas tento ser honrada, melhorar um pouquinho, e nunca escondo o absurdo da minha situação, da minhas contradições, da minha trajetória inconfessável. Tudo menos silenciar-me.

O pensamento e a razão chegam sempre muito tarde, quando as coisas já aconteceram, quando as bixas já se organizaram, quando as trans já atacaram a polícia, quando a razão não estava ali para defendê-las, mas para agredi-las. A polícia é racional e sempre se baseia nas razões: razões homofóbicas, transfóbicas, racistas, heterossexistas, misóginas, xenófobas. O mais urgente é fazer coisas, provocar mudanças, balançar a bússola; logo vem a teoria e os interpreta. Historiciza-os, classifica-os, neutraliza-os e explica por que aconteceram. Mas o mais importante é que aconteceram. E nem mesmo quem fez sabe por que ou para que fez. Isso é o importante! Eu vejo na atualidade muito medo de estragar tudo, as pessoas deixarem de fazer coisas por temor, inibição, como se nos faltasse um grande projeto para atuar. Quando o melhor para agir, o que nos salva, o que permite que sempre tenha havido revoluções e militância, é que não é preciso queimar tanto os miolos, mas detectar uma injustiça, localizar o agressor e agir sem pensar. Abra o olho, as coisas estão acontecendo: interfira, provoque um curto-circuito, intervenha no pequeno, no grande, em todos os âmbitos a seu alcance e, porra!, como acontecem coisas! Causar um curto-circuito no funcionamento inerte de um órgão, o cérebro, a razão, que nos faz pensar viciosamente e nos inibe: puseram-nos, bixitrans, na via da racionalidade e da democracia e isso nos prejudica muitíssimo, nos bloqueia – alguém discorda?

Na Dinamarca acabam de arrasar um bairro inteiro dos okupas[25] depois de anos de fala mansa e sem despejos. Acabou para eles a trégua pra inglês ver da democracia. Aos antiglobalização sobram balas, porradas, prisões preventivas, julgamentos sumários que nem te conto. Acabou a trégua pra inglês ver da democracia. A democracia não está pra bobagens nem é refúgio de nada, muito menos de bixas. Em quantas democracias se pode viver bem e tranquilo sendo bixa, desfrutando da plenitude de direitos, com a homofobia e transfobia erradicadas? Em nenhuma, nem na Espanha, paraíso democrático do riso. Principalmente não dá para confundir a democracia com a nossa panaceia. A democracia é, por definição, tradição e futuro heterossexista, homofóbica e transfóbica. E que ninguém me venha com bobagens nem com essencialismos democráticos. Até me ocorre pensar em um totalitarismo que tivesse abolido a homofobia, uma ditadura não transfóbica. Parece impossível? Não vejo por quê. Talvez porque, historicamente, nenhum regime desse tipo tenha feito algo neste sentido, o que fizeram foi nos massacrar. Como a democracia. Até há dois dias. E não todas. E não completamente. E não em todos os âmbitos.

Para mim a democracia não funciona sem um certo nível consentido e legalizado de heterossexismo, homofobia e transfobia. Ou então não é democracia, nem ditadura, mas o gênero humano. Me diga você. Eu passo batido, é deprimente.

Além de agir sem pensar, eu também vejo as coisas de outro modo. As bixas temos uma inteligência peculiar cultivada desde muito pequenos para sobreviver, que nos permite agir guiados por outros parâmetros, que transpõem as regras do pensamento

25 Movimento semelhante ao MTST no Brasil, composto de pessoas sem-teto que ocupam prédios vazios.

heterossexista, engambela-o, nós admitimos a incongruência, a contradição, a esquizofrenia, a mentira, qualquer coisa para evitar a queda. Temos que lançar mão desses recursos de infância e de adolescência que nos permitiram, a algumas de nós, seguir vivas, maravilhosas, sorridentes até a idade adulta. A honradez, a coerência, a racionalidade, a virtude são coisas que nos ensinavam quando nos criavam e educavam como se fôssemos um deles, héteros. E nós não temos jeito. Além disso víamos como também nos ensinavam a passar por cima desses valores quando convinha, quando a ocasião requeria, quando tinha que oprimir alguém. Pois passemos por cima dos valores de controle deles também. Não devemos ser coerentes, nem honrados, nem racionais, devemos ser fortes, eficazes: isso os políticos nos ensinam todos os dias, e nós nos empenhamos em ser mais honrados e decentes do que eles. Não nos faltam regras, nem programas, nem ideologias, nem líderes, nem coletivos para inventar nada, para agir ou para criar. Quando você era bixa e estava só no mundo, não inventou sua própria vida e seu modo de ir em frente? Pois lembre-se disso! Faça memória! Por que agora delegar a outros essa responsabilidade para que nos façam de caudilhos?

As bixas sabemos perfeitamente inventar, inovar, criar nossa própria vida do nada, sem referências, sem orientação, sem guia, tateando com bengala de cego, frangos sem cabeça desde a infância abrindo o próprio caminho. Perdemos a habilidade que tínhamos quando crianças de buscar a vida inclusive em situações terríveis, como a primeira comunhão de uma trans, um jogo de futebol sendo bixas perdidas, uma fanchona com uma Barbie de presente de Natal, e agora nos sentimos desamparados e desorientados tendo paradoxalmente muito mais recursos, sabendo que vale tudo, que o fim de libertar as bixitrans da opressão heterossexista justifica qualquer meio, que existe uma ética maquiavélica para bixas desesperadas. Qualquer coisa é melhor do que nada. Afinal, contra nós sempre vale tudo, já nos fizeram de tudo. Isso não é vingança, eles são muitos para nos vingarmos, seria copiar seus gestos, aprender com eles o que fazem conosco sistematicamente: jogar sujo. Só que os que sofrem injustiça nunca jogam sujo, eles sequer jogam, se desdobram para não morrer na tentativa. O jogo sujo, a política suja, a retórica suja, a negociação suja, o maquiavélico são qualificativos aplicáveis unicamente à conduta do poderoso. Os demais salvamos nosso cu como podemos, proliferamos, repetimos, negociamos, criamos, militamos, escrevemos, nos manifestamos, pintamos paredes, damos porrada, desempoeiramos a anarquia, lançamos mão de qualquer estratégia que possa nos servir, fazemos bricolagem política, reciclamos táticas e teorias, enxertamos, transplantamos, okupamos, costuramos e descosturamos palavras de ordem, identidades, valores, chafurdamos no lixo, levamos para casa o que for possível catar, tábuas, um gostoso, cadeiras, móveis usados, uma sapa de passeio.

Acabou a fala mansa

> Não dou a outra face. Dou o cu, companheiro.
>
> PEDRO LEMEBEL

NOSSOS PACTOS DA MONCLOA[26]

Quando falei do que significava ser bixa, do que temos que ter em conta como bixa para converter-nos em sujeitos políticos, da herança do franquismo e da Transição, de suas inércias, de suas formas de proceder e entender a luta, de certa forma já apontei a ideia de fundo que não para de me rondar. Não sei se nossos coletivos, se as bixas que se atribuíram o direito de nos representar diante dos partidos, governo e instituições, que se elegeram porta-vozes da comunidade gay e trans, chegaram a assinar algum pacto secreto com a classe política, um Pacto Rosa da Moncloa que em troca de algumas concessões da parte do heterossexismo se comprometem a desmobilizar todo o movimento gay, a parar com as reivindicações, a deixar de enrabar, a liquidar todo o assomo dos movimentos revoltados dentro de nossa comunidade, a deixar-nos sem ideias, a esvaziar-nos ideologicamente, a difundir uma atitude de submissão agradecida aos nossos governantes, a trocar a luta pela propaganda de apoio ao progressismo de esquerda que nos trata tão bem, a

---

26 A Moncloa é o palácio do governo espanhol. A Transição foi ali acertada em pactos entre forças políticas e sociais de grande parte do espectro político – inclusive o Partido Comunista recentemente legalizado –, que sob o lema do crescimento econômico e a estabilidade institucional implicaram na renúncia a grande parte da agenda republicana, como a aceitação da monarquia com a bandeira bourbonista e a anistia geral dos crimes da ditadura franquista, que favoreceram a manutenção de estruturas de poder tais como o Exército, a Igreja e os grupos econômicos que se enriqueceram com o regime. Esses pactos são muitas vezes considerados uma traição das forças progressistas que os assinaram. [N.T.]

deixar de negociar para nos vender diretamente. Provavelmente não houve nenhum Pacto da Moncloa em que nossos coletivos e vozes cantantes tenham adotado tal compromisso, mas suspeito que tacitamente, silenciadamente, as coisas terminaram sendo assim, ainda que jamais se confesse em público. O resultado do sucesso da negociação foi a autopromoção dos seus fazedores e o desprezo e a exclusão de quem não nos conformávamos com apenas isso. Ainda que seja tudo bem-vindo. E é de reconhecer e agradecer tanto trabalho. Que não ficou sem pagamento.

"Liberdade, liberdade! Sem ira, liberdade!" é uma merda de refrão de uma música que ficou muito popular na Transição. Digo uma merda porque incitava uma arriada de calças generalizada, um abandono das atitudes mais revoltadas e comprometedoras para o governo da época, uma estratégia de baixar os braços e dar um passo atrás, não pressionar, não asfixiar, não esticar demais a corda para não arrebentar. Essa mesma atitude e essa mesma musiquinha covarde é o que vejo implantar-se agora no movimento gay: liberdade sem ira. Me parece muito bom e muito saudável que aqueles que queiram engolir sua ira que a engulam. Mas não me parece tão bom que nós, que não temos vontade de engolir nossa ira, sejamos obrigados a fazê-lo ou que nos tachem de exaltados. A ira e a liberdade sempre andaram muito bem juntas. Inclusive se pode dizer que a liberdade que não foi conquistada com ira é uma liberdade outorgada que não é liberdade nem é nada, é um simples cala-boca, um pirulito para manter a população descontente chupando entretida, pão para hoje e fome para amanhã. Tenho medo que esse ânimo acabe prevalecendo entre as bixitransapas e que terminemos por ficar sem ira, sem sangue, sem voz, sem nada para dizer ou pelo que lutar. Quando se renuncia à ira, a liberdade começa a ser afetada. Quando se chega ao ponto de não se indignar por nada, consegue-se uma paz social fictícia à força de alienação, de pão e circo. E de circo, nós, bixas, sacamos.

Carrillo,[27] herói da Transição e patati patatá, fez muita barbaridade, liquidou a esquerda real, desmanchou a infraestrutura do Partido Comunista, desnaturalizou e desvirtuou seu ideário, sacudiu o republicanismo e a bandeira tricolor e desativou uma esquerda que havia sobrevivido com plena vitalidade e cheia de ira na clandestinidade durante anos até se estrepar nas eleições, perder todo o apoio, fragmentar o que era um bloco sólido, e agora nem o gato vota mais na IU. Suponho que seu trabalho tenha sido fantástico e decisivo para a Transição, para Suárez,[28] para Victoria Prego,[29] e que conseguiu que os militares não saíssem às ruas para terminar de uma vez por todas com uns gestos democráticos incipientes. Que seja. Vamos supor que eu acredito. Mas também creio que o Partido Comunista foi à merda com tamanha diluição, com tanto Pacto da Moncloa, com tanta aceitação por parte dos sindicatos a não fazer barulho nem a ir para a rua armar escândalo. E o destino do Partido Comunista que está comendo a IU hoje em dia é o mesmo que o dos sindicatos, que não servem para outra coisa além de receber prêmios e homenagens conjuntos, outorgados *ex aequo* a eles e à patronal de empresários. Eu vejo um risco aqui, e não seria má ideia aprender com a história porque o movimento gay já há algum tempo toma o mesmo caminho: estamos nos desmantelando, desmontando, aceitando subvenções, deixando que as pessoas mais homofóbicas do planeta e as mais fascistas visitem nossas sedes, e nossos dirigentes visitando as sedes de suas instituições homofóbicas tão à vontade, acotovelando-se com personagens políticos de laia nada duvidosa, mas certamente genocida, nos

27 Santiago Carrillo, secretário geral do Partido Comunista Espanhol, figura chave da Transição.

28 Adolfo Suárez, presidente da Espanha entre 1976 e 1980, figura chave da Transição.

29 Jornalista espanhola, autora de uma série de documentários televisivos sobre a Transição.

incitando à fala mansa generalizada, a pacificação dos coletivos, à unidade da Espanha rosa. Que os nossos coletivos tenham cuidado, pois, de tanto ceder à patronal heterossexista, terminarão por não ter nada a oferecer, nem discurso ideológico, nem nada. Já disse que se tem algo que me deixa doente é quando o trouxa descerebrado da vez vem com a ideia sublime que lhe acaba de ocorrer – só a ele – de que: "não critique tanto a quem já nos deu tanto", referindo-se ao governo, aos políticos que em um dado momento da democracia nos presentearam com um par de leis desfiguradas que não satisfizeram mais do que a dois ou três, e as trans, deixaram-nas em situação quase que pior do que antes. Essa atitude se encaixa diretamente com o cagaço da Transição e o entreguismo sem reservas frente a uma situação de urgência. Mas já não estamos em plena Transição, os militares aparentemente não têm mais vontade de dar golpes de Estado, nem precisam ter medo que algo vá desestabilizar o país, nosso sistema político ou outra coisa do gênero. A estratégia do medo não funciona mais. Nem a da gratidão. Você pode ter gratidão pelo seu pai, não por um partido político ou pelo governo ou pelo presidente da nação. Isso é patriarcalismo puro e duro. Zapheteronismo. Além disso, serei grato ao meu pai se me der na telha, se ele não fez mais do que responsabilizar-se por ter me trazido ao mundo e não ter me deixado jogada numa caçamba de lixo. Agradecimento parental é justo. A coisa não está para Édipos.

Agradecidos devem estar os pais por terem filhas sapas tão maravilhosas. Não se deve agradecer a um pai porque ele o alimenta, escolariza e compra roupinhas para você: isso é obrigação de patriarca dele. Os pais podem ser amados ou não; as bixas aqui temos muito que contar de nossas experiências no seio da família tradicional, a única que existe, as outras não são famílias, nem devem ser. É como o casamento: sempre é o tradicional, patrimonialista, burguês, portador dos valores do casamento de sempre, que contribui para a estabilidade sistêmica das sociedades ocidentais. Aqueles que pensam que as bixas casadas estão inventando novas formas de convivência são uns trouxas, elas reproduzem o sistema e ponto. Por outro lado, é uma aspiração muito legítima, ansiar por fazer parte do sistema em vez de mudá-lo sempre é uma possibilidade, a possibilidade sacralizada e sancionada, reforçada com prêmio e tapinha nas costas. Aos pais se pode amar ou não, sentir gratidão pelo modo como nos criaram e pelas coisas que nos pagaram. Mas ao governo não. Por favor. A política não tem nada a ver com agradecimento, nem com carinho, nem com família, nem com paternalismo, mas com a reparação de injustiças seculares, a restituição de direitos e a proteção dos coletivos marginalizados. E quando isso é feito, se vota ou não se vota, mas o silêncio, a desmobilização e o sucateamento de nossas infraestruturas de luta e reivindicação não podem ser moedas de troca.

Não me canso de repetir que suspeito que nossos coletivos e representantes vão pelo mesmo caminho que os sindicatos desativados após os Pactos da Moncloa e já ornam tão pouco quanto eles. E vão ornar cada vez menos. É um vaticínio, mas minha profissão não é a de adivinho. Por isso espero que eu esteja errado. Neste país não há movimento operário, capacidade reivindicativa, não há nada. Os sindicalistas e a patronal são cu e bunda, assim como nossos coletivos, subsidiados, visitados pelos maiores canalhas da história da homofobia na Espanha. Alguém me conte e me explique o papel dos sindicatos neste país e eu lhe direi que acontece o mesmo com os coletivos oficiais de gays e lésbicas. Temos feito nossos próprios Pactos da Moncloa: casamento de merda e lei de transexuais de merda em troca de nos desativar politicamente para sempre e desviar a atenção para a Europa, porque aqui já não há mais nada para fazer. Está pactuado. Ou subentendido. E se nos dão algo a mais do que nos deram, vai ter um mal-estar social, inveja, ciúmes, voltarão a falar de *lobbies* gays, rosas e histórias. Nos tornaremos judeus privilegiados, ricos, influentes e isso já sabemos que historicamente não é bom na Espanha. "Que bom, que bom, hoje comemos com Isabel!", não é uma velha canção sefardi. Baixemos o nível da reivindicação e da influência ou acabaremos sendo bixas com gás. Discursinho para nos engambelar!

Faz tempo que me pergunto onde está o pensamento dos coletivos, onde se pensa nos coletivos, quem pensa nos coletivos? Se alguns até ficaram sem revistas, sem órgãos de pensamento, sem fanzines, ou foram transformados em folhetos publicitários. Antes eles eram espaços onde se pensava, se debatia, se inventavam coisas, estratégias, lutas, agora são negociadores, entidades assistenciais que desenvolvem um trabalho elogiável, atendendo o telefone, indo nos colégios e institutos, e não passa disso. Acontece o de sempre. Os únicos que de fato têm revistas e publicações com algo de conteúdo são os coletivos conservadores, os mais atentos, para gerar pensamento e ação contrarrevolucionários. E os fascistas têm a Faes.[30] Isso não me serve. Me preocupa que do outro lado não tenha nada, não possa comprar nada, não possa publicar em nenhum local com gente do meio. *Diagonal* é o único decente que me ocorre.[31] A revista *Zero* não era nenhuma maravilha mas às vezes publicava algumas coisinhas, até que decidiu deixar de flerte com a esquerda e mostrar a cara mais direitizada e bajuladora do poder. Alguém achou que o dono dessa revista se importava com alguma coisa além de ganhar grana e prestígio rosa de meia-tigela? Como política empresarial é da hora, como política bixa é um desastre e mais uma capitulação.

30 Fundación para el Análisis y los Estudios Sociales: *Think tank* espanhol. [N.T.]
31 Foi um periódico quinzenal coletivo de perfil anticapitalista que funcionou entre 2003 e 2016, quando se fundiu com outras entidades de mídia independente no projeto *El Salto*. [N.T.]

Vazio absoluto de pensamento e ideias. Parece que acabou a época em que brotavam folhetos, fanzines, revistinhas, panfletos incendiários de todo tipo. Ninguém mais faz fanzines ou, para ser menos antiga, blogs, fóruns, sites onde se publicam revoltas, coisas interessantes, convocatórias, agitos, um lugar de referência na web onde entrar e acalmar-se um pouco lendo algo de contrainformação bixa. De que nos queixamos? Não há apenas iniciativas, vontade, não fazemos mais quase nada. Bom, sim, se faz algo, mas não coletivamente, todas as iniciativas são ilhadas, privadas, de microassociações, e o coletivo bixitrans de esquerda se limita a se cumprimentar pelas ruas, felicitar-se pontualmente, mas acabou o nosso fôlego. Felizmente eu vejo uma nova geração que pouco a pouco vai se configurando e adquirindo existência e consistência. Uma geração que carrega o lastro talvez excessivo do passado e de gente do passado, que não termina de dar o salto, mas também cheia de gente nova, de inconformismo, de alianças com outros grupos e de ideias refrescantes, espero. Paciência. Eu estou contente e esperançoso.

Talvez algum dia, que espero não ver, aconteça um 23-F[32] dos héteros homofóbicos, mas não podemos viver para evitá-lo, fazendo todo o possível de nossa parte para que isso não aconteça. A Besta é imprevisível e acorda quando quiser, aqui e acolá, na Polônia, na Itália, na Austrália, na América Latina, aqui também dá patadas e continuam as agressões homofóbicas por parte dos héteros comuns e das forças de segurança do Estado, continuam abancadas a homofobia e a transfobia disfarçadas de objeção da consciência, de liberdade de expressão, de crenças religiosas. A Besta homofóbica está cochilando. Aproveitemos o soninho. Não há por que sentir medo agora da Transição e da ameaça velada de uma repressão generalizada.

---

32 Em alusão ao 23 de fevereiro de 1981, data de uma tentativa de golpe de Estado militar contra a democracia ainda recente.

A Transição acaba de fazer trinta anos. É hora de abandonar a herança funesta do temor transicional a ir mais fundo. É preciso viver e fazer política como se ela nos saísse da buceta, sem medo a despertar a Bixa. *Draco dormiens nunquam titillandus*, além de ser o lema de Hogwarts, é a política que se instalou na Espanha partir da Transição, que herdamos com todas as suas consequências e que pode nos levar à paralisia. A ditadura, os militares, os padres, os franquistas, toda a velha guarda do antigo regime que se temia tanto, agora, para nós, são os héteros trans-homofóbicos, que não mudaram em nada seus destrutivos preconceitos contra nós, nem pretendem fazê-lo. A trans-homofobia parece ser um direito mais inalienável que os tímidos direitos que nos concedem, e não necessita de leis para gozar de uma saúde maravilhosa e da maior proteção imaginável.

Ninguém mais tem medo dos militares ou dos franquistas como fator de desestabilização democrática. Pois nós não vamos ter medo dos héteros odeiobixa e apedrejassapas. Assim não há quem viva. Se, por sermos radicais demais, dão um golpe de Estado homofóbico contra as bixas e reinstituem o terror, os esconderijos ou as barricadas, já vamos ver, mas esse momentinho, é preciso desfrutá-lo ao máximo e estendê-lo ao máximo. Nada de ser boas pessoas e gente agradável, com quem dá prazer conversar. Eu sou um bicho, uma bixa marrenta, um indesejável, e não me venha bancar o esperto porque você vai se dar mal e se arrepender. Por outro lado, à parte meu sangue ruim, sou muito vulnerável e sistematicamente destrutível. Não faço questão de ser boa pessoa para evitar que um homofóbico de merda dê um murro na mesa. O murro na mesa quem dá sou eu. E se o que está de boa pessoa é o heterossexista de plantão, me assustarei e lutarei contra ele e contra todas as boas pessoas que se declarem como tais e me venham com um sorriso que não me convence. Deus me livre das boas pessoas, porque das más eu me livro sozinho, me ensinou minha mãe. Cuidadinho com os héteros gente boa mosquinhas-mortas. Eles não têm a culpa de ser escorpiões ou de serem dragões, dormindo ou cuspindo fogo. Eu não os culpo. Assim como nós não temos culpa alguma se somos umas cadelas, e não podemos ser reprovadas por sermos parasitas se nunca nos incluíram na sua sociedade civil mais do que como carne de marginalização e de opressão. Ou cospe fogo ou tira um cochilo, mas nada de falar comigo. Não temos nada para falar, nem eles têm o que nos dizer. Eu tenho visto muitos filmes de dragões, que adoro, e sei perfeitamente que o dragão bom, dócil, colaborador e amigo das bixas não é mais do que um mito, escamoteando sua verdadeira natureza homofóbica.

De qualquer modo, não é preciso temer os dragões, as víboras ou as bestas. Basta um par de gêmeos poloneses[33] para se cagar de medo. Digo que esta também é a verdadeira cara da democracia e a demonstração de que a democracia não tem nada a ver com tratar bem as bixas e trans. A democracia é compatível com tudo, inclusive e especialmente com a trans-homofobia. Eu acredito que com diálogo e fala mansa não se consertam situações de agressão generalizada, de insultos institucionais e de ofensivas antibixas do naipe do que está acontecendo na Polônia. Mas não gosto da demonização das democracias alheias a partir de uma suposta liberdade conquistada aqui. A Polônia não é um farolzinho vermelho do grande teatro da democracia europeia: é a democracia ocidental vista de dentro, não contemplada da plateia, mas nos bastidores, onde se vê o cenário por trás, sem pintar, as tramoias, a armação, os atores meio vestidos, sem maquiagem, o alçapão no cenário, o fosso cheio de umidade e ratos. Todos os dias temos que tomar o café da manhã com publicações igualmente destrutivas para nossos interesses

---

33 Alusão a Jarosław e Lech Kaczyński, que iniciaram a carreira política no Sindicato Solidariedade e foram primeiro-ministro e presidente da Polônia, respectivamente, na década de 2000.

e nossa dignidade vindas da boca de *españolitos* de toda espécie. A falta de vergonha dos fascistas e dos padres para nos insultar é de uma irreverência blasfêmica. Por que temos que cultivar a fala mansa e ser umas bixas simpáticas, umas sapas agradáveis, umas trans educadas? Nem com eles, nem com ninguém. A partir de agora, aqui, neste momento, eu dou por terminada a fala mansa, acabou-se a fala mansa, vamos aprontar, ser antipáticas, odiosas, desenfreadas, irrecuperáveis, insuportáveis, escandalosas, inacessíveis, radicais, possuídas... e, ainda por cima, igualmente merecedoras de respeito, de direitos, de igualdade, de tudo o que merecemos e exigimos pelo simples fato de sermos cidadãos, não por sermos boas pessoas, nem por sermos agradáveis. Não temos que dar a eles nada em troca, não tem contrapartida de nossa parte. Se querem algo em troca, que fiquem com nossa história de destruição indiscriminada. Não estou nem aí para lamber o rabo deles.

ENERGÚMENOS

Tornarmo-nos endemoniados. Para alguns é mais fácil, porque sempre o fomos, por estratégia, de nascimento, por necessidade, por esporte ou pelo que for. Mas acredito que seja um salto político imprescindível o de começar a ser gentalha indigna, desavergonhada, nada respeitável, que as pessoas não desejem nem a pau conversar conosco, nem mesmo um pouquinho. Não temos nada a perder. A chave é não ter ambição sistêmica alguma, nem estar presa no alpinismo institucional. Que não possam nos comprar. Se não temos nada pelo que nos vender, se eles não têm merda nenhuma para nos vender, seremos autônomos, independentes e poderemos fazer o que nos dê na telha. Autodeterminação bixitrans sem concessões. Que as bixas pactistas não se arranquem os cabelos, que continuem com seu trabalho, tudo bem conseguir das instituições tudo o que lhes faça falta, mas é que essas coisas já eram nossas e já nos eram devidas, então que nos restituam tudo o que temos perdido, o que nunca tivemos, assim como os arquivos da guerra civil e as propriedades dos sindicatos. Não nos deram merda nenhuma, caralho! Essa não é a estratégia. Reclamar e exigir ou pactuar e agradecer, entre essas duas opções, o caramelo já não é o mesmo, já derreteu e ainda por cima nos desativaram politicamente. Todos os que apontam o triunfo pactuário e as vitórias conquistadas como se neste país não tivessem existido movimentos bixas radicais que tiveram a cara quebrada, me digam se não estão desativados politicamente, neutralizados, comendo a sopa boba do poder, vivendo a pão e água, escorados, e ainda por cima nos olhando com ar de superioridade e como se lhes devêssemos algo. Gostando ou não, que nos sirvam para muito ou para pouco, as conquistas legislativas são mérito de todas as bixas, sapas e trans da nossa história, cada grupo, cada coletivo, cada panfleto, cada cartaz, cada grafite, cada ação, cada performance, cada linha escrita: não é vitória de um, nem de dois, nem de três numa repartição pública, é fruto de uma multidão de sapas, bixas e trans que lutam a vida inteira há pelo menos meio século. Por isso, acabou a fala mansa, acabou a dinâmica da Transição, dos Pactos da Moncloa. Este país tem uma porra de uma síndrome que, para conseguir qualquer coisa, tem que passar por uma Transição particular, isto é, ficar de joelhos, apertar o cinto, prometer se fazer inócuo politicamente, renunciar ao maior para conseguir o menor e ainda por cima ficar agradecidos. Isso é mentalidade ditatorial de escravos. Uma herança impossível de assumir.

Energúmenos. A estratégia do bebê porrinha: chorar e chorar, por nada, que não saibam por que choramos, por que berramos, que não haja *supernanny* para nós, vamos destruir a vida deles, que não saibam o que fazer conosco. Chorar e berrar o dia todo para aporrinhar, porque não estamos à vontade, porque nada nos convence nem nos satisfaz, reações imprevisíveis, sem tempo, semear o desconcerto, que nos deem de mamar, a mamadeira, o chocalho, o caralho, e recusaremos tudo. Mas o que quer esta criança? Nada! Tudo! Este é o segredo, não queremos nada porque eles não têm nada que possamos querer. E ainda assim nós queremos. E não. A coisa é berrar e meter bronca. Não tem melhor político do que um bebê aporrinhando. Ele consegue tudo o que quer, tudo o que precisa e muito mais do que necessita. E o mais importante: se torna o rei da casa à força de nunca deixar claro por que é que chora. Nós sim temos claro por que berramos. O impressionante é que os homofóbicos continuem se perguntando por que temos orgulho de ser sapas e bixas. Eu sou hétero e não estou orgulhoso de sê-lo por que nasci assim graças a Deus. Berrar de orgulho, berrar para exigir, berrar para despistar, berrar para não parecer simpáticos, berrar por estratégia, berrar por curtição, berrar para nos fazer incompreensíveis, berrar para aborrecer, berrar até cansar, berrar para lhes tirar o sono, berrar para aporrinhar ao máximo, berrar para que se sintam impotentes, berrar até que considerem justificado asfixiar o bebê com um travesseiro... ou não têm vontade? Ou nunca lhes passou isso pela cabeça? Ou por acaso nunca asfixiaram um bebê bixa?

O que eu acho que temos pela frente? Tudo por fazer. Um montão de coisas para melhorar. Um milhão de histórias que me ocorrem, pendentes desde sempre e outro milhão de coisas que ainda não me ocorrem, são ainda impensáveis, mas que acabarão chegando, nos surpreendendo. As bixas não se hipotecaram por toda a vida por causa de duas leis de merda que pareciam fora de questão, que chegaram mal e tarde e nos são dadas como um presente, um esforço de generosidade impressionante vindo do mundo hétero. Não precisamos que nenhum hétero venha nos presentear com a Estátua da Liberdade. Lixinho! Cultura de merda em que a liberdade sempre é dada como um presente, em forma de estátua, por um terceiro, em vez de ser conquistada pela pessoa, e a própria pessoa fazer a estátua que melhor lhe convenha e que goste mais, à sua medida.

Bixonas energúmenas, sapas possuídas. Sei do que estou falando, me criei no meio de sorrisos jesuítas, *opus dei*, de fascistas, de sinhozinhos, de poderosos, de escória burguesa. Eles te acariciam com as palavras enquanto te chutam com ou atos, e tornam a tua vida impossível, e te prejudicam. Cinismo, hipocrisia. No confronto direto evitam o fel, as broncas, não se exaltam, tudo é suavidade e tato enquanto fazem mal às escondidas, fora do nosso alcance, economizam o sufoco de ter que lidar com a sapa descontrolada, com uma trans que não sabem nem olhar nos olhos porque lhes dá nervoso. Pois não serão poupados do sufoco. A fala mansa é uma vantagem para eles. Desde sempre a educação e os bons modos têm sido um invento para que os poderosos não se sintam mal, tão desconfortáveis, quando são obrigados a falar com o povo. É mais agradável conversar com um trabalhador limpinho, arrumadinho, segurando seu boné nas mãos, em atitude submissa. Quase não dá trabalho tratar com uma bixona de boas maneiras bem vestida, perfumada, culta, de linhagem honrada, até parece um de nós. É preciso acabar com isso. Isso não é política. Política é armar um barraco para eles, não um jantarzinho aconchegante. Uma política bixa é roubar o relógio deles, como fizeram com o Bush na Albânia. Sorriem na nossa frente, nos dão abracinhos, se mostram condescendentes, tudo quando lhes convêm e agrada à sua majestade: maravilhoso, pois fiquem sem relógio! Nossa luta talvez tenha que ser assim debochada, mas me parece básico começar por aí. Conversar com um político cordato, com uma progressista que vem lhe roubar uma foto e que saia com o bolso aberto, sem abotoaduras, sem relógio, com um chiclete grudado na saia. O que vocês estavam pensando? Estamos aqui para roubar, não para ganhar presentes, para roubar e ganhar presentes, não para sorrisos e passeios em frente à galeria, não para uma política negociadora de mínimos.

E quando digo que acabou a fala mansa, acabou não somente em relação ao poder, mas em relação às bixas fascistas, de direita, do PP, católicas, suspeitas, cooptadas, ajuntadas. Elas que nos odeiem. Que nos chamem de tudo, que fique clara a sua intenção. Que invoquem a liberdade de expressão, a liberdade de imprensa, a democracia, os valores heterossexistas, que se sintam encurraladas ideologicamente, que não possam aconchegar-se comodamente em uma posição supostamente aceitável e respeitável. Democracia é confronto, democracia é fel, democracia é acirramento. Isso foi o que eles nos ensinaram à base de mentiras, calúnias, enganos à população. Os fascistas estão usurpando nomes, espaços, teorias, estratégias, as ruas, as manifestações, as pichações, os cartazes, a vida pública, as mídias, a história; há revisionismo por toda parte, e os piores são as bixas fascistas, que vão por trás com insídias mantendo um rosto público de decência e boa disposição: como vamos ter fala mansa com elas? Eu estou puta. É preciso arrebentar com essas intenções ilícitas de revisionismo e usurpação, armar escândalo cada vez que tentarem nos enfiar uma mentira, uma fraude, um livro cheio de merda e falsidades, de ideias prejudiciais, um comunicado estilo gente boa que na verdade pretende desativar um coletivo incômodo, denunciar suas táticas de exclusão fazendo-se de porta-vozes ilícitos de uma maioria gay e lésbica que nunca os apoiou explicitamente, que não votou neles. Eu rio da representatividade dos dirigentes dos coletivos majoritários. Que respaldo social e real eles têm? Quantos votos e de quem permitem que falem em nosso nome? Por quais caminhos escuros chegaram a ser as únicas vozes bixas com que os políticos decidiram falar?

Que ódio. Sim, e agora? Ativar as diferenças, os desacordos, a impossibilidade de falar sobre tudo, o fel, as más contestações, a inflexibilidade, amedrontar, não cumprimentar, fazer cara de nojo, que ninguém nos venha com sermões no serviço nem em nenhum outro lugar porque já nos conhece, sabe da nossa fama e sabe que armamos alguma da qual ainda se lembra. Eu conheço muitas bixas assim. Temíveis. Terríveis. Não precisa muito. E não são antipáticas, são um mel, gente elegante e educada, mas se chegar atravessado nelas, sua vida se acabou aí, vai ser um inferno. Intratáveis. Ódio puro contra os homofóbicos e os fascistas e a Igreja e os padres e as patricinhas e tudo que feda a discriminação, a reticência, a meias palavras, a não se pronunciar claramente. Ódio aos colaboracionistas, aos cogumelos fascistas que brotam em nosso jardim, kapos, peles de cordeiro, quintacolunistas, tolerantes de meia-tigela, bixademocratas.

E, se precisar, dar motivos para eles mostrarem o nazista que têm dentro de si. Não está tão escondido. Apertar os parafusos até arrancar deles o "Bixona de merda!" que lhes queima a garganta, mas que se acostumaram a controlar para não dizê-lo. Tente, se não brota dos lábios, ficará rondando sua mente e, na próxima vez, vamos estropear sua autodisciplina de morder a língua, e na terceira toda a sua homofobia vai reluzir, como *Men in black*, de todos os fascistas e gentalha acaba saindo o marciano, o nazi, o homofóbico replicante que eles têm dentro e que não podem controlar, somente reprimir mal e mal. Não lhes dar desculpas para que continuem dissimulando, se reprimindo, ao contrário, converter-nos, encarnar, ser tudo o que eles detestam, parecer-lhes vomitivos, odiamos sua fala mansa e seus sorrisinhos, suas declarações compassivas de dar medo, terror. Desmascarar o inimigo até que cante. Provocação, desaforo: isso já é velho. Levá-los ao limite. Não somos sistema, nem cidadãos de primeira classe, nem democratas, não tratamos nada que nos obrigue a ser como eles, a não os molestar, ou a deixar de incomodá-los. Mas de verdade nos calaram para sempre? Ninguém tem vontade de armar a toda hora um caos enorme como o de Ana Botella toda prosa na sua visita à fazenda com o Cogam e saindo sob uma chuva de ovos, ou como o que uma turma de *queers* aprontou com uma sodomita fascistoide metida a escritorzinho na apresentação de um livro infame? Não estou inventando a pólvora. Simplesmente vejo outro tipo de gente que atua de outra forma, que se indigna, que não se contém, que não guarda o recato, que desde sempre esteve trabalhando duro, se esgoelando, não deixando nem uma só agressão sem resposta, atalhando os que pensam que já está tudo dominado. Meu desejo é ver essa atitude generalizada, que se note para além de fatos pontuais, que impregne nosso dia a dia. Ética puta da cara. Politização do dia a dia.

O fel está aí virando a esquina. Basta fazê-lo explícito e os fascistas ficam enfezados. Em 2007, demitiram da revista *Zero* uns quantos colaboradores, em decorrência de ver em sua capa um líder da direita que nunca moveu um dedo por nós, junto com uma entrevista melosa, bajuladora e venenosa por dentro; demitiram porque lhes deu na telha, não precisavam dar explicações, e soltaram uma conversa sobre liberdade de imprensa, antidemocracia, ditaduras cubanas e coisas que aprenderam em seus colégios de padres e nos comícios do PP, e ficam tão tranquilos porque eles são os verdadeiros democratas e defensores da liberdade. Como se defender a liberdade fosse adular um fascista numa revista bixa. Isso não é liberdade. É colaboracionismo. Para não falar das intoxicações no nível privado, secreto, escondendo a mão, que aconteceram logo. O fato de umas bixas e sapas decidirem sair da empresa em que colaboraram pontualmente suponho que foi insultante para muitas delas. Tudo menos ficar do lado do trabalhador. Eu vou aonde quero e me meto no que me der na telha, e você não é ninguém para opinar sobre isso. E, se quiser opinar, eu sou livre o bastante para cagar para você e para tudo o que você pensa e faz. Os fascistas estão cheios de valentia, e nós acovardados. É isso que tem que mudar. Parece que, como ganharam a guerra civil, pensam que não vamos cuspir na cara deles de novo. Não me importo de perder outra vez, não a guerra civil, mas Madri, as eleições e o cantão de Cartagena: não vou passar vontade de cuspir neles. A direita está passando as bixas para trás, fazendo proselitismo nas nossas fileiras, recrutando bixas imbecis que se vendem por nada, enquanto exige dos demais, e supõe neles, uma atitude de tranquila contemplação vendo como fazem e desfazem a sua vontade. Os mais imbecis de espírito e mente correm para apostar no cavalo ganhador, mas tomamos nota e também vamos apostar neles. Isto talvez não seja nem ética, nem política, isto é um desabafo e não estar disposto a aguentar mais. Isto é estar farto e chegamos até aqui. Vontade de ser do contra, por própria decisão.

NADA A DECLARAR

Em algum lugar, há algum tempo, disse que me sentia governado por outra espécie e que a democracia é heterossexual. Nossos mundos, opções sexuais, convivência, modos de vida são essencialmente incompatíveis e não há diálogo ou acordo possível, e se houver indício de algo parecido, é preciso carregá-lo *ipso facto*. Se as bixas terminamos de acordo com o heterossexismo, é porque nos equivocamos em alguma coisa. Isso é certeza. Se assinamos o que quer que seja com eles, os equivocados seremos nós, não eles. A eles convêm estar de bem conosco enquanto quiserem a aparência de democratas e tolerantes. Quando se aborrecem, já deixam de conversa e sacam os fasces para nos degolar. São de fato tão monstruosos e tão filhos da puta os héteros? Sim. Não todos, mas sim, muitos são assim. Que barbaridade! Que injustiça dizer essas coisas com a quantidade de héteros que nos apoiam, que nunca foram nem serão homofóbicos! A fala mansa faz dessas minhas afirmações pura exaltação, coisas incríveis, estupidezes que me obrigam a fazer papel de trouxa, um pé-frio, um heterofóbico, mas levante a mão quem não conhece pelo menos dez fascistas, filhos da puta sem pudor de se mostrar homofóbicos de cara limpa e atuar contra nós sem se despentear. No Parlamento, na Conferência Episcopal, pela TV, pelo rádio. Eles existem? Pois não devo estar tão doido. Digo eu. Não há tanta fala mansa como parece.

Por acaso podemos passear pela Espanha fazendo o que nos der na telha sem medo, sem que nos insultem ou sem correr riscos? Não, certo? É isso, esta merda de país está cheia de fascistas e de homofóbicos, e de fala mansa, nada. E menos ainda se você se afasta das grandes cidades. E cuidado com os nazi matabixas das grandes cidades, alguns dizem que a polícia está empenhada em fazer ouvidos moucos com eles porque são seus filhos e blá blá blá. A fala mansa. Que buceta é a fala mansa? A fala mansa significa sempre calar-nos e abaixar a cabeça e passar despercebidos e desocupar a cena social, e então conseguiremos que façam vista grossa para nós e não nos escrachem além da conta. Trégua para inglês ver não é a do ETA,[34] mas sim a desses merdas. No fundo eu sou igual ao PP: me nego a negociar. Com esses filhos da puta não há quem negocie, eles sempre têm armas, esconderijos, continuam com a kale borroka,[35] uma surrinha aqui, uma agressão acolá, uma transexual xingada ou assassinada, querem acabar com a Espanha bixa como seja, e a trégua, quem é que acredita nesse papo furado. Eu não negocio. Prefiro negociar com o ETA do que com os fascistas homofóbicos. Porque eles querem de nós concessões políticas, renúncias territoriais e de soberania, em troca de quê? De quatro balinhas. Terrorismo de Estado, Terrorismo Homofóbico Global e trégua para inglês ver é o que nos oferecem os fascistas homofóbicos. E os putos do padres. Eu é que não caio na sua trégua para inglês ver. A mim não enganam. Que sou de direita de toda a vida. Em meu nome não. Não há quem me faça deixar de pensar, quando falo com um merda fascista que sorri eclesiasticamente, mas que me exterminaria se pudesse, e de fato faz todo o possível todos os dias para me importunar ao máximo. Mas, quando

34 Grupo separatista basco que praticou o terrorismo no passado.

35 Grupos bascos, geralmente de jovens, que cometem atos de vandalismo como forma de protesto e desestabilização.

falamos cara a cara, quer economizar os nervos, o desgosto e o aumento da tensão. Pois que arrebente! Ele e sua boa vontade de poder. Eu na minha: pilhagem, chantagem, oportunismo, nem diálogo, nem acordo, nem consenso, nem regras do jogo. A democracia não apenas é compatível com os McCarthy, Bush, Reagan, Aznar, Berlusconi, Sarkozy e os gêmeos poloneses da vez, como também precisa deles.

Já estou muito velha para acreditar que aquilo que não nos massacra não pertence necessariamente à ordem natural das coisas. Não acreditamos na ordem natural de nada, nem do ser humano, nem da sociedade, nem da democracia. Por experiência, a ordem natural ou histórica, isto é, a ordem do acontecido, é o massacre. Como na democracia. Alguns héteros, em países democráticos ricos, nos consideram dos "seus". As bixas são dos "nossos". Pois não somos dos seus. Não somos pessoas, nem somos dos seus. Nem somos espanhóis. Nem somos cidadãos. Aceitamos seus presentes, sua suposta lealdade ampliada: não somos trouxas, somos cachorros, bebês chantagistas, parasitas. Mas não me ocorre nem um motivo para dialogar com eles e convencê-los de que não devem esmagar bixas ou enforcar galgos.[36] Dá no mesmo. Ninguém pode fundar um discurso assim, que os convença da inconveniência da homofobia para suas vidas. Só um sentimentalismo muito duvidoso. A única coisa que temos sobre a mesa é o desejo incompreensível de não nos massacrar de alguns héteros, dos zaphéteros: benditos sejam. Aproveitar a conjuntura, dar-lhes a patinha e abanar o rabo. Tem uns donos de galgos melhores do que outros, que nos enforcam ou nos deixam num posto de gasolina. Tem muitos alemães que adotam galgos maltratados. Tem pais facilmente chantageados

---

36 Cães tradicionalmente utilizados na Espanha para a caça à lebre. Não é raro que, quando ficam doentes ou velhos, não servindo mais para a caça, os donos os enforquem.

por seus bebês, e outros que esmagam o crânio deles ou os queimam com cigarros quando têm três meses. Curtir a pele. Esses héteros estão loucos. Quase acredito que o desejo de não nos insultar as bixas seja infundado. Há milhões de discursos muito bem fundados e jusnaturalistas que justificam o nosso massacre: não apelar nunca a nada transcendente, a nenhum fundamento inquestionável para não pisarem na nossa cara. Essa é a estratégia deles, não a nossa. As bixas não somos humanas, talvez caninas. Melhor que toda a apelação se faça no vazio ideológico, que não recorra a nada supostamente sólido e impassível, verdadeiro, verdade da boa. Não somos trouxas, sabemos que estamos nadando no vazio puro.

Enquanto entre eles for malvisto – eles saberão por quê – massacrar-nos e perseguir-nos massivamente, precisamos nos aproveitar disso e dar o fato por "verdadeiro". Se eles mantêm condutas pensando que fazem em nome da verdade, veja bem, não vamos desenganá-los, mas não vamos cair nas suas armações metafísicas. Nós vimos *Matrix*, vivemos em *Matrix* ou no mundo real, tudo bem se não conseguirmos distinguir um do outro, e para nós dá na mesma que nos massacrem em *Matrix* ou no mundo real. Quando Morpheus nos oferece os dois comprimidos, o azul e o vermelho, engolimos os dois feito um cachorro tonto: Comidaaa, jujubas! Nham! Nham! Slurrrp! E deixamos a mão dele toda babada. Logo veremos como vai ser a digestão. E como fica o cérebro se engolirmos os dois comprimidos. Foi a primeira coisa em que pensei ao ver o filme, engolir os dois. Mas lógica da verdade e da autenticidade, nenhuma. Lógica de absorver, engolir, para dentro, para dentro. E o oráculo que vá apanhando. E todos os salvapatriabixas. Eu sou muito burro. Como o burro de Buridan. Também chamado Asno. A bobagem escolástica era a mesma de *Matrix*. Coloca-se um burro à mesma distância de dois montes de palha. E como ele não sabe qual escolher ou para qual monte ir, morre de fome. Mentira, primeiro traça um e depois traça o outro. Não é para pôr a nós, bixas, em situações difíceis.

Por exemplo, na postura de tirar proveitos políticos do fato de ser bixa, lésbica ou trans, ou de causar peninha para conseguir as coisas. Não somos vítimas do terrorismo. Somos vítimas da homofobia. E para nós não tem dinheiro, não nos pagam nada, não nos colocam medalhinhas, não nos convidam para nada. Os ministros não vão nos funerais das bixissapas e das trans mortas. Não se considera que uma bixa morta é assunto de Estado. Eu quero ser declarada vítima do terrorismo homofóbico e vender meus serviços aos partidos políticos em troca de pensões, dinheiro, influência e minutos na televisão. Nós também temos os nossos mortos. Muito mais do que todas as associações de vítimas do terrorismo juntas! Mas, enfim, parece que ser gay, bixa ou sapa vítima da homofobia não é moeda de troca válida na democracia, não nos proporciona nada, não nos faz mais espertos, nem mais desprezíveis, nem mais bobos. Haverá que renunciar a fundar uma sucursal da AVT, a AVTH, Associação das Vítimas do Terrorismo Homofóbico. É uma pena, porque é uma oportunidade política desperdiçada. A homofobia tem mais adeptos, mais organização, mais instituições, mais financiamento, mais cobertura global, mais "ambiente" e mais vítimas conseguidas do que qualquer organização terrorista, é muito mais antiga do que todas elas e em suas fileiras conta com membros destacados da comunidade nacional e internacional. A democracia e a tolerância para os fascistas e para suas vítimas. Estão nela muito à vontade. Nós e as nossas vítimas brincando na rua. Não queremos compartilhar o pátio. Nesse duelo não vamos deixar que outros escolham as armas e o campo de jogo. Esta é uma puta de uma democracia de leões que querem convencer a nós, gazelas, a sermos democratas e a votar, a pactuar e estar de acordo com as suas leis leoninas. A democracia felina para eles, nós precisamos de outra coisa na savana para nos sentirmos mais seguras e mais à vontade do que um partido de leões democratas que velem por nossos frágeis corpos enquanto pastamos.

Nada a dizer. Nada de fala mansa. Mas como assim vamos compartilhar regras do jogo? Quem joga? De quem é o tabuleiro? Quem leva embora o baralho e o tabuleiro se ficar bravo? Eles. E nós, por que jogamos com o menino rico que quando perde vai embora e leva seus brinquedos? Ele e os seus brinquedos que vão se foder. E o seu pai. Não aceito o escorpião como animal de estimação. Sempre acabam nos cravando o ferrão ainda que estejamos ajudando-os a atravessar um rio. E sobre o menino rico, quando ele crescer já não falará com os meninos pobres e entrará no círculo social adequado a ele. A única regra para jogar juntos um jogo é "não me pise que sou bixa", "vou fazer sair da minha buceta", "vou te perturbar enquanto você viver" e "você não encosta um dedo em mim". Ah, sério que não querem brincar disso? Pois isso para mim se chama democracia.

Solidariedade LGBTQ

> Oh, meus amigos, não há nenhum amigo!
>
> ARISTÓTELES

A USURPAÇÃO DE UM TERMO

Imagino que, a essa altura, algumas e alguns de vocês estarão pensando que, em vez de um manualzinho de ética bixa acessível para qualquer um, sem muitas pretensões e de certa utilidade, o que já leram resulta mais como um receituário utópico, insólito e inalcançável para se tornar uma Superbixassapa Heroica, uma Supertrans Ultrarrevolucionária, uma Wonder-Queer Megassolidária. Não se trata disso, nem muito menos. A última coisa que me ocorre como exigência ética é termos que carregar nas costas o peso de uma solidariedade forçada, humanista, caridosa, generosa, nascida de um coração puro, do universalismo moral que implica ser um gay ou uma lésbica, que conhecem o sofrimento e a opressão e por isso abrem seu coração a todos os párias da Terra, trabalhando por eles. Essa escória ideológica se chama cristianismo e representa uma posição de poder. O movimento LGBTQ não é nenhuma ONG nascida do seio capitalista que abre seus braços para os miseráveis do planeta para, a partir de um status privilegiado, consolidar uma situação injusta de fato e reforçar o sistema com uma militância de feições revolucionárias e solidárias mas absolutamente servil em sua essência. Por não se questionar realmente sobre qual solidariedade quer colocar em jogo e se o valor mesmo da Solidariedade não é uma armadilha ideológica que conduz diretamente dos sindicatos operários de Gdansk[37] ao Papa, passando

---

37 Cidade polonesa sede do Sindicato Solidariedade, fundado por Lech Walesa, entre outros. [N.T]

Lech Walesa e os gêmeos fascistas, uma assimilação devoradora por parte da direita de todos os valores revolucionários para neutralizá-los e reconduzi-los ao seu curral.

Diante da sodomita neoconservadora, que só pensa no seu cuzinho, a solução não está em abrir os nossos corações e sensibilizar-nos com o sofrimento alheio para sermos melhores do que ela. Não somos freiras, ainda que muitas sejamos lésbicas. É um erro o intento de pavonear um talante solidário de fachada, de ONG imbuída de valores sociais, de encarnar essa esquerda maravilhosa que estende a mão aos desfavorecidos. Uma esquerda que nunca existiu, que é melhor que não chegue a existir e que ninguém deseja. Assim não se rompem as hierarquias, não se consegue desestabilizar uma distribuição injusta de direitos e obrigações, um sistema de exploração e de discriminação: assim o que faz a esquerda é simplesmente confundir a injustiça com a sua própria boa consciência, aferrar-se à caridade política como sustento ideológico, utilizar o sistema legal para lavar a cara, deixar tudo intacto para poder continuar mentindo e contando a história de que a esquerda é a única que coloca o desenvolvimento econômico a serviço de uma política social solidária. O mal disso é que continua exigindo por parte dos beneficiários um *input* de gratidão e reconhecimento, uns tijolinhos de satisfação, uma abanada de rabo e umas lambidas na mão que joga o osso: tudo isso é muito antigo e cheira à Igreja. E exige também, sistemicamente, a manutenção de situações de opressão objetivas que possibilitam políticas sociais que garantam uma massa social agradecida pela generosidade do seu governo. Pois vai votar neles a puta da sua mãe. Nem a direita, nem a esquerda. Uma bixa não deveria votar nunca para o seu voto não ser confundido com o referendo a nenhuma política institucional, sempre decidida a outorgar liberdades de forma tacanha e a conta-gotas para continuar dispondo de um voto cativado pelo fiozinho refrescante dos direitos que brota continuamente da fonte da esquerda e que nunca consegue saciar nossa sede. Nós, milhões de bixas e trans, bebemos de uma minúscula fresta pela qual passam gotas de direitos do gigantesco açude que políticos de todos os tipos entesouram e defendem com um muro de contenção concretado que impede que nossas vidas se inundem de liberdades sempre pretéritas, de direitos sempre regulados pela discrição.

Tem-se praticado com as bixas uma política hidrológica nefasta e restritiva desde tempos imemoriais. Para começar, por ter construído uma represa que deixou seco nosso rio e agora lhes serve de desculpa para não soltar a água com o risível argumento de que supunham uma enchente que nos levaria a todas para frente. Me dá vontade de vomitar quando gente inepta se põe a fazer política calculando o quanto a sociedade está disposta e preparada para aguentar, suportar, albergar e receber no que se refere a direitos e liberdades. Sempre o argumento do medo. Sempre o paternalismo. Sempre a herança da Transição: pouco a pouco, a paciência, uns atrás de outras, mantendo uma ordem de preferência arbitrária, primeiro as bixas, depois as trans, mas não todas, nem umas nem outras, não os deixem inquietos, haverá para todos, estamos providenciando os direitos de vocês para que daqui a cem anos se produza um certo nivelamento sem que tenha lugar sobrando, desconforto, nem se quebre o equilíbrio social. A Espanha continua tendo horror a sofrer uma intoxicação de liberdade. Porque isso suporia a diminuição do poder dos que já têm todos os direitos e liberdades a seu alcance – e imagine se o exercem –, e o aumento do poder dos desapropriados politicamente desde sempre: desempoderamento generalizado e desativação política, há trinta anos, dos operários, dos sindicatos, das bixas, sapas e trans, da sociedade civil em seu conjunto, criminalização da juventude politizada, das nacionalidades históricas com vontade de autodeterminação, dos imigrantes, do movimento de okupação. E, em contrapartida, fomento de organizações subsidiadas pelo Estado e submetidas ao seu controle, usurpação dos espaços de liberdade por políticas assistenciais de contenção, demonização e perseguição policial de qualquer grupo libertário que imediatamente se tache de radical, quando não de violento ou antissistema, utilização monopolizadora do significante *democracia* para anular o menor assomo da sociedade civil, sequestro do significante *liberdade* para implantar políticas repressivas centralistas[38] e mantenedoras do desequilíbrio social e dos privilégios legais das maiorias oligárquicas, sexuais e religiosas. Precisa ser uma Superbixa para acabar com tudo isso?

A verdade é que se viesse uma Wonder-Queer do espaço sideral, ou ainda que fosse da mesma Pontevedra – para mim tanto faz –, e começasse a repreender o bando de babacas que sempre votam contra qualquer lei que possa beneficiar uns quantos pobres desgraçados, ou a recorrem em todas as instâncias, ou saem às ruas para se manifestar contra ela, ou fazem com que ela nasça morta, ou a retiram sem escutar os principais envolvidos ou movidos por interesses de imagem de partido, a verdade é que assim, com essa super-heroína, tudo iria mais rápido e economizaria muita luta e muitos sufocos futuros para nós. De momento, a única coisa que nos resta é recuperar duas ou três palavras do dicionário e voltar a lhes dar sentido. Não seu sentido originário, as bixas sempre nos surpreendemos com os retornos ao passado, quanto mais voltamos na história, passamos do insulto à cadeia, do hospício ao pelourinho, das pedradas às fogueiras, da inquisição às purgas stalinistas. As bixas nunca voltam a cabeça para trás quando ouvem vozes suspeitas, seguem em frente e apertam o passo. É a única atitude meio política que seguimos mantendo por questões de sobrevivência: sempre em frente, sem olhar para

---

38 O adjetivo *centralista* é usado para caracterizar as correntes políticas favoráveis à unidade espanhola e contrárias às autonomias regionais.

trás, e se puder ser rapidinho, muito melhor. Chegando em casa, já colocaremos os pés em salmoura.

Uma dessas palavras que é preciso recuperar é *solidariedade*. Eu estou tentando recuperar *ética* e transformá-la em uma arma de arremesso, em um *spray* de pimenta antiestupradores, em vez de uma mordaça ou uma camisa de força que a ética sempre supôs para nós. Mas precisamos também recuperar a solidariedade das garras da caridade direitizada e católica, resgatar a solidariedade da armadilha escura das ONGs, libertá-la das aparências de virtude compassiva, cristã, humanista, deixar de confundi-la com um não sei quê de magnanimidade, bom coração, empatia e esmoleiro altruísmo-porta-de-igreja. Eu não sei que buceta a solidariedade tem a ver com os bons sentimentos. Eu não sei em que caralho uma bixa solidária se parece com uma boa pessoa. O que eu sei, isso sim, é que, se a solidariedade suscita o beneplácito dos poderosos, do heterossexismo, da homofobia, então não é solidariedade. O que eu sei, isso sim, é que, se a solidariedade é um valor que utilizam aqueles que nos odeiam, então não é solidariedade. O que eu sei, isso sim, é que a solidariedade, tal como a conhecemos hoje, é equivalente ao corporativismo, os poderosos cerrando as fileiras, interesse de classe burguês, valor mantenedor do *status quo*, lubrificante para o sistema.

Achamos graça quando vemos como os fascistas ficaram revoltados porque fizemos picadinho do seu significante tão amado *casamento*. Eu os compreendo. Têm toda a razão. Se duas sapas podem se casar igual o filho da marquesa com a filha do empresário, então o matrimônio deixou de ter significado, já não tem nenhum sentido para os que o inventaram. Nós roubamos seu significante, e é normal que fiquem exaltados e muito violentos. Outra coisa é que quem rouba significantes acaba queimando as mãos com o roubo e sofre o castigo de brincar com coisas tão brutais como as palavras: as bixas e lésbicas, depois do roubo, já não voltaremos a ser as mesmas, estamos tontinhas com os casamentos e encharcadas até o pescoço com os valores e eflúvios perversos que emanavam do casamento e que estão nos desarvorando e causando centenas de baixas.

Mas, se achamos graça da birra da direita, tenho calafrios quando vejo que, em troca, os fascistas se apoderaram de significantes tão poderosos como *liberdade, democracia, solidariedade*. E que pintam essas palavras num cartaz e saem aos milhares pelas ruas do Reino. Liberdade com ira. Eu não estou inventando nada. Minha estratégia é quase uma cópia grosseira da direita: liberdade com ira, só que tento mudar os conteúdos das palavras, restituir alguma coisa em seu lugar, mudar outra de lado, acabar com o que nunca devia ter significado tal vocábulo. Coisas muito sutis no fundo. Para não falar da usurpação que as sodomitas neoconservadoras têm feito do termo *queer*, reduzindo o que eram os sinais de identidade de todos os indivíduos irrecebíveis sistemicamente em um grupo de bixonas institucionalizadas que só querem saber de dar o cu e de ser fodidas. Não precisa ter olfato de lince para distinguir entre o que uns chamam *queer* e o que outros querem fazer passar por "*queer*": mas não basta confiar na sensibilidade dos nossos focinhos, se deixamos o tempo passar e não fazemos nada a respeito, se deixamos que roubem nossos nomes, eles deixarão de ter algum poder transformador sobre a realidade, e seu perfume libertário acabará desaparecendo. Vai ser a mesma coisa dizer "sodomita neoconservadora", "*queer* sem-teto", "sapa depauperada", "trans disfórica": tudo significará o mesmo, todos serão espanhóis, todos serão democratas, todos condenarão a violência, todos terão bom caráter, todos votarão na esquerda ou na direita segundo o valor do candidato.

A solidariedade não tem nada a ver com ser uma boa pessoa. Para começar, porque ser boa pessoa sempre foi um discurso clerical. Boas pessoas são basicamente aquelas que não ofendem o sistema de privilégios dos poderosos se não pertencem a esse grupo, ou que desfrutam desses privilégios, se é que pertencem a ele. Uma pessoa solidária luta contra qualquer privilégio de classe, contra a injustiça social, contra a opressão, contra a discriminação, contra a submissão dos sem-voz. A solidariedade não é um valor moral, é uma atitude sistêmica desestabilizadora e de conflito. A solidariedade não é dar a mão, é dar socos. A solidariedade não é pintar as macias mãos de branco, é curti-las no trabalho contra a opressão e luzir os calos da luta contra quem pisa no pescoço alheio. A solidariedade não é ser puro, imaculado e pacífico, essas são virtudes desativadoras e alienantes que o inimigo prega, solidariedade é ser sujo, imprevisível e viver tipo cachorro louco. A solidariedade não é amar o próximo como a ti mesmo, mas distinguir entre os próximos, ter bom olfato para detectar o cheiro de incenso e de dinheiro, e assim amar a uns e lutar contra outros. A solidariedade não é assumir todas as lutas, mas travar uma só e a mesma luta até o final, porque a solidariedade não é mais do que a sinergia dos oprimidos. A solidariedade não é crer na bondade dos que comem pó, mas saber que, enquanto alguém come pó, eu corro o risco de também comer amanhã. A solidariedade é temer pela própria pele quando se vê uma trans perseguida.

É preciso limpar as mentes de todo o lixo ideológico que tem enchido e comido nosso cérebro até não sermos mais capazes de nos orientar em um mar de significantes neutralizados, usurpados, revisados, desativados, inutilizados, apropriáveis por qualquer um, patrimônio comum de desgraçados, de filhos da puta, de padres, de ricos, de taxistas, de sapas, de especuladores, de fascistas e de trans. Até quando dizemos *cadeira* ou *mesa* as bixas estamos querendo dizer outra coisa. Nossos significantes, até os mais simples, não querem dizer o mesmo do que quando um fascista diz *cadeira* ou *mesa*. Porque seu uso é diferente. Quando eu digo *cadeira* ou *mesa* nomeio duas realidades que são válidas para metê-las no cu dos fascistas impenetráveis, ou para quebrá-las na cabeça ou para fazer uma fogueira em seus castelos. Enquanto que, quando eles dizem *cadeira* ou *mesa*, pensam apenas em sentar-se à mesa e comer com talheres de prata mais-valias alheias. Cada palavra, cada vocábulo, cada significante, cada termo é revolucionário, é portador de conflito social, é portador de valores de uma classe, de um grupo, de determinados interesses. Cada palavra é um projétil, uma bomba, munição. Dizer *solidariedade* é acabar com os contratos lixo. Dizer *solidariedade* é acabar com a homofobia. Dizer *solidariedade* é combater a xenofobia. Dizer *solidariedade* é encurralar os poderosos. Dizer *solidariedade* é colocar a direita para correr. As palavras são mágicas e estão cheias de poder. Ursula K. Le Guin sabia disso perfeitamente. Se conhecemos o nome verdadeiro das coisas, temos todo poder sobre elas, para transformá-las, para mudá-las, para deixá-las tal como são. Nunca diga o seu nome verdadeiro a ninguém, ou cairá sob o seu poder. Neste país aconteceu como nas *Histórias de Terramar*, os nomes verdadeiros foram para o saco, e ninguém mais conhece, ninguém mais chama as coisas por seu nome. Vamos começar resgatando alguns nomes das redes do mal.

Por que a solidariedade não é um impulso do coração e sim uma exigência ética para toda trans, para toda sapa, para toda bixa que se preze? Por que ser solidárias não é uma virtude moral que uma bixa militante deve encarnar à força de tesão, empenho e superpoderes, e sim o contrário: uma consequência lógica de ser bixissapa que cai por seu próprio peso? Por que diante da lógica do "eu sou eu e meu puto cu" não cabe outra alternativa que não a solidariedade? Dito de outra maneira, por que não é possível ser bixa e de direita? Claro que é possível! Mas você fica com cara de boboca e de interesseiro. De puto encostado. De cooptado. De Lola Flores. Encefalograma plano. O cérebro é feito para sobreviver, mas se você é da direita, conservador, já tem garantidos a sobrevivência e o nivelzinho de vida de merda (se você é bixa, da direita e pobre, muito boa sorte!), e o cérebro já não lhe serve para nada, seus neurônios morrem na velocidade de um raio, quando abre a boca, você sempre acaba dizendo abobrinhas e tudo tem que ser repetido duas vezes para você. Isso já deveria ser argumento suficiente. Mas tem mais. Embora eu duvide que vocês tenham o coeficiente intelectual mínimo indispensável para ater-se a raciocínios. Minha estratégia não é acusá-las de deslealdade para com as outras bixas, chamá-las de insolidárias como quem nos chama bixonas para nos insultar, xingá-las de parasitas pelas cachorradas que fizeram.

INTERLÚDIO DO CACHORRINHO ENFEZADO

Fazer cachorradas. Como tudo neste mundo, as políticas cadelas têm dois gumes. Não é a mesma coisa uma política cachorro louco e uma política de cachorro de luxo, de cachorrinho de colo, de cachorro de raça, de cachorro de companhia, de cão de guarda, de bom cachorro. Piro com os cachorrinhos enfezados, os cachorrinhos das velhas de Lavapiés. São horríveis, de olhos saltados, superpequenos, multicoloridos, de pelo crespo, ralo, ruim, orelhas impossíveis, patas curtas até dizer chega, rabo mutilado, mal cortado, de caracolzinho, com a língua caída fora da boca torcida, sem dentes, com a mandíbula inferior fechando sobre a de cima sem nunca conseguir encaixar, mancos, tortos, com roupinhas de lã que os enfeiam mais ainda e os deixam mais ridículos, vira-latas, nascidos de mil fodidas de rua, sem *pedigree*, cruzados um milhão de vezes, de genética impossível. E com um caráter de merda, mal humorados, latindo o dia todo, latidos agudos, estridentes, insuportáveis, brigando com os outros cachorros, quanto maior o inimigo e de raça mais pura, maior a probabilidade de armarem estrondosa briga, cachorros maus com suas donas, com os outros cachorrinhos enfezados que vêm todo dia, várias vezes por dia, quando as donas os levam para passear sempre pelos mesmos lugares, cagam em tudo, mijam em tudo, são antipáticos, é impossível sequer pensar em acariciá-los. Quando você entra no campo visual deles, já estão rosnando, se você se aproxima mais, começam a latir e levantam as quatro patas do chão a cada latido; quando você passa de bicicleta eles se jogam atrás, você para, e eles saem em disparada sem parar de latir.

Cada vez que os vejo, penso qual é a sua função neste mundo. Por que existem. Como conseguiram proliferar e não se extinguirem os cachorros do meu bairro. Por que não há cachorros assim nos bairros ricos. Como pode uma criatura tão insuportável, desagradável, indômita, carente de qualquer recurso, que não dá nada em troca, perfeitamente inadaptada, que desafia todos os valores sociais atribuídos a sua raça: bondade, docilidade, beleza, companhia, ir em frente e conseguir que lhes façam roupinhas, impermeáveis, agasalhinhos de crochê, que todos os dias lhes deem sua comida. Penso neles e nas velhas de Lavapiés. Não há velhas como elas nos bairros ricos. Nem cachorros como os seus nos bairros ricos. São cachorros proletários, cachorros pobres, cachorros como seus donos, cachorros de classe, como há consciência de classe. Não adoro as velhas de Lavapiés. Boa parte delas é homofóbica e racista. Também não adoro os seus cachorrinhos, eu os odeio. É uma coisa fascinante vê-las rodeadas de vociferante, repugnante escória animal fazendo rodinhas nas praças, no cruzamento de duas ruas, enquanto criticam os chineses, os africanos fedidos, os negros-sujos, as bixonas. Suponho que a amizade e o carinho pelos seus pequenos Trolls, suas hordas de Orcs minúsculos, já não lhes permitem ampliar o afeto por nenhuma outra criatura disforme. Insana, precária, que viole a normalidade estabelecida, salvo seus ariscos vira--latas. Não posso parar de pensar, às vezes, que estou muito próximo deles politicamente. Me admira o fato de esses putos cachorrinhos enfezados não cumprirem nenhum requisito que um cachorro tem que cumprir, e mesmo assim terem conseguido tomar o bairro. Só cumprem um: não custam dinheiro, são recolhidos da rua, não se compram em lojas, são muito baratos.

No Lavapiés não há cachorros de raça. É impressionante se dar conta disso. É um bairro multirracial. Mas só tem uma raça de cachorros, os vira-latas. Quando os cachorros de raça começarem a proliferar é porque as velhas estarão morrendo, a especulação imobiliária as estará expulsando, e bixas burguesas além da conta estarão se estabelecendo aqui e trazendo seus cachorros de raça, estéticos, impecáveis, bem-educados, escovados, que adoram um carinho humano. Cachorros despolitizados e de bom caráter. Quando começo a fazer política, a escrever sobre política e ética bixa, nunca consigo superar o nível de um cachorrinho enfezado qualquer. E está bem assim. Seja como é. Seja como lhe dê na telha. Faça o que lhe der na telha. Vista-se como lhe der na telha. Cague onde lhe der na telha. Ladre o quanto quiser. Não permita que ninguém se aproxime de você. Expresse seu mau humor em qualquer ocasião. E viva feliz e em paz sem se preocupar porque vão te exterminar por ser um cachorro mau. Porque isso não acontece. Os vira-latas do bairro não têm medo, são temerários, sobreviventes natos. Pode-se dizer que eles não herdaram o espírito da Transição: não negociam, não baixam a guarda, não fazem concessões, mantêm a postura, não lambem o cu de ninguém. Esta é a bixa que eu sou, a que defendo, é dessas que eu gosto, que me caem bem. Bacanas desse jeito. Assim, blindadas contra a glamorosa estupidez do gay cosmético. Putos vira-latas. Ninguém quer ser como nós.

SOLIDARIEDADE ANTISSISTEMA

Me perco com as metáforas de animais. Me fazem perder o fio da meada. E a razão. Melhor assim. É disso que se trata. Um pouquinho de razão por aqui e por ali, mas nunca demais. Porque aterrissamos na homofobia. Agora tentarei racionalizar um pouco. Para brincar. Retomo a pergunta: por que devemos ser solidárias? Já suponho que ficam descartadas todas as motivações do tipo religioso, virtuoso, moral, democrático, procedentes das esferas geradoras de ideologias de controle e de homofobia, porque todas as instâncias criadoras de valores éticos universais claramente trabalham, maquinam, inventam e fazem decálogos e mandamentos para nos exterminar, nos xingar e para se divertir com nosso martírio e escárnio público. A solidariedade que aponto não tem nada a ver com valores herdados desses mananciais suspeitos. Começo por uma constatação óbvia. Se consideramos ponto pacífico que qualquer pessoa que mereça nossa aprovação e respeito não pode ser homofóbica, por acaso também não é ponto pacífico que essa mesma pessoa não pode ser misógina, transfóbica, classista, racista, eurocêntrica, católica etc.? Todos esses predicados não são igualmente exigíveis da mesma pessoa? As sodomitas neoconservadoras certamente não estarão de acordo. Mas eu creio que elas precisarão fazer renda de bilro para demonstrar de maneira plausível por que consideram que não ser homofóbico é algo exigível a todo mundo, enquanto que não ser classista ou xenófobo depende, às vezes sim, às vezes não.

No fundo, creio que muitas bixas não estão nem aí para a homofobia porque, dada sua situação social, econômica e de classe, sabem que sua integridade física, moral e seu status estão muito mais protegidos por pertencer a um estrato privilegiado do que por apelar à erradicação generalizada da homofobia. E mais: não são tão idiotas quanto parecem quando se olha a cara delas. São plenamente conscientes, ainda que se equivoquem sobre essa ideia de que conseguir uma sociedade livre da homofobia é o primeiro passo para acabar com um monte de privilégios, injustiças e desigualdades aos quais elas não estão dispostas a renunciar porque assim está correndo tudo muito bem, sendo uns abixonados filhinhos de papai cheios da grana, de influências, muito bem amparados por seus sobrenomes de fortuna. Nunca vai lutar contra a homofobia uma pessoa que saiba que justamente a homofobia é parte da manutenção de um sistema social injusto do qual ela mesma se beneficia, não por ser bixa, mas por pertencer a esferas, famílias, classes poderosas e de gente de bem. Não duvido que existam carradas de gente assim.

Por outro lado, pode-se dar mais um passo, mas se entra em flagrante contradição e esquizofrenia mental. São as bixas fascistas que lutam contra a homofobia, mas só contra a homofobia, enquanto colocam em resguardo o resto dos seus privilégios. As sodomitas que não moviam um dedo em favor das outras lésbicas, trans e bixas, mas que se conformavam com salvar o seu cu desde sua posição de classe, pelo menos eram gente consequente e inclusive assumiam certo risco de sofrer acertos de contas homofóbicos por parte dos membros da sua microssociedade elitista. Riscos mínimos, pois a burguesia e a aristocracia nunca levam a automutilação além do que consideram prejudicial para seus próprios interesses: melhor ser mais, ainda que algumas sejam pervertidas, do que ser menos e todos heterossexuais, isso diminui nosso poder e, afinal, poder ser como quisermos e fazer o que nos der na telha sem nos sujeitarmos a códigos morais sempre foi o maior privilégio de estar no cume. Essa gentinha ainda existe. E não quero começar a contá-los porque não quero saber quantos são. Me dá raiva. Por ora, prefiro pensar que são uma minoria que não precisa ser muito levada em conta.

A maioria esmagadora é de bixas e lésbicas de nossas sociedades ocidentais euronorteamericanas que lutam por seus direitos, mas por nenhum outro direito de nenhuma outra minoria oprimida. As lésbicas e gays que estão instaladas confortavelmente no "nós, os democratas ricos do ocidente" e que não estão dispostas a ampliar sua lealdade para além do que significa descriminalizar a homossexualidade e conseguir uma proteção legal mínima e, depois disso, que se foda o mundo. Vai parecer que sou muito vermelha e muito radical, mas acho que é natural que, estruturalmente, por termos nascido nestas coordenadas geoeconômicas, todas somos gays e lésbicas de direita, bixas liberais, sodomitas neoconservadoras, sapas neoliberais, transexuais eurocêntricas. E só vale tentar não exagerar os próprios privilégios nem encobri-los ideologicamente, quando muito ser radical e lutar contra os meus próprios interesses e minha própria classe, como posso fazer em um dado momento, como pode parecer que faço para alguns, mas para outros não porque é impossível que eu possa passar por algo mais do que simpatizante da esquerda, porque meu ser filho de médico, educado em colégio de padres, em universidades de padres, que nunca teve um problema na vida, que consegue viver num casarão de quarenta metros, que é funcionário do Estado me impede de um desclassamento real, nem sequer como fantasia, fantasia que nem me passa pela cabeça.

Não escrevi todas estas páginas para confessar que estou fazendo apenas uma pirueta interclasses e renunciando da boca para fora a todas as vantagens sociais de que gozo por minha boa sorte de nascimento. Sou mais sincero do que tudo isso. Até mesmo para confessar, e que ninguém se engane, que sou uma patricinha que odeia as patricinhas e que faço o que posso e o que me permito para não ser responsável nem partícipe de toda a merda que herdei e que há anos sacudo de cima de mim. Mas nunca é o suficiente. A culpa, não sei como chamar isso, e a conivência sistêmica por ter nascido em uma situação favorecida nunca se extinguem completamente, nunca terminam de desfazer-se, uma pessoa nunca se desidentificar nem deixa de pertencer por completo, nem renuncia ao ambiente em que se criou. É mais fácil uma lésbica chupar um pau do que renunciar ao seu status de burguês, é mais impensável para uma bixa se colocar em uma classe abaixo da sua do que comer uma buceta toda contente. Essas são as barbaridades que eu penso. Muita ética bixa, mas estamos focadas em outras coisas que não têm nada a ver com trepar. Somos todas de direita. E o que podemos fazer é tentar ser um pouco menos de direita. Fazer dissecações com bisturi. Muito precisas. Não levar adiante políticas neocoloniais em nome da liberdade conseguida no Ocidente, não andar arrancando véus, restituindo clitóris, evangelizando bixas e lésbicas de outros países, de outros continentes, ensinando-as a ser tão livres quanto a gente, tão democratas. Isso, sim, é o que não deve ser feito. Saber reconhecer que também não é necessário ir a outros continentes ou a outros países para ver a homofobia e a transfobia em estado puro. Para tropeçar com sapas pobres, com dificuldade para conseguir moradia, com trans que fogem de suas cidadezinhas, com bixas que emigram para Madri ou Barcelona porque na sua casa não há quem viva com bixas doentes de aids, com sapas emigrantes que limpam casas e que vieram a foder e conviver com outras lésbicas, além de trabalhar e sair de um ambiente impossível.

Reconhecer que é impossível que os gays e lésbicas de países ricos – e este país é cada vez mais rico e não deixa de mostrar isso, com suas políticas neocoloniais, com seus exércitos que intervêm além de suas fronteiras, com as repatriações massivas de emigrantes, com as patrulhas que a Guarda Civil presta generosamente aos países costeiros empobrecidos de onde saem milhões de balsas de refugiados – sejamos de esquerda não precisa ser uma constatação paralisante ou uma desculpa para não fazer nada. Ou para dizer que, como somos todos de direita, vamos continuar zoando e roubando sem nos denunciar uns aos outros nem nos acusar de nada porque estamos todos no mesmo barco dos colonizadores, violadores de direitos, invasores e exploradores da população mais desprotegida e de seus recursos naturais e humanos. Política do bisturi. Ou do machado. Que também não é questão de sutilezas, nem tão ínfimas são essas diferenças. Há um abismo entre ser uma bixa misógina e não ser. Há um abismo entre ser uma sapa transfóbica e não ser. Há um abismo entre ser uma bixa latifundiária e não ser. Há um abismo entre ser um sodomita neoconservador que caga para tudo que não cheira a dinheirinho, a festas, a poder e a perfume caro e não ser. Há um abismo entre ser uma bixitrans solidária e não ser.

Com que direito vamos exigir de um hétero que não seja homofóbico, se nós somos transfóbicas ou racistas? Outro dia estava lendo do meu amigo David Córdoba uns documentos suculentos de começos dos anos 1990 em que algum membro do FAGC, cujo nome guardo para mim para não derramar sangue, se manifestava contra a inclusão de transexuais na Comissão Unitária do 28-J,[39] com a deliciosa desculpa de que a transexualidade não tinha nada a ver com ser gay ou lésbica e a eterna acusação, por parte do purismo radical das bixas progressistas, de que não se pode apoiar os transexuais a menos que sejam lésbicas ou bixonas, fazendo distinções escolásticas entre as trans heterossexuais e outros rolos que nem te conto. Fazia dois dias que tentávamos tirar as transexuais do nosso lado e éramos umas transfóbicas de respeito. Agora parece que tudo é fala mansa. A solidariedade dentro do movimento LGBTQ de esquerda radical ou não tão radical para anteontem, mesmo. Também valeria a pena ler as palavras de um desses líderes bixas radicais antissistema e anticapitalismo, que nunca venderam seu cu para a economia de mercado, celebrando faz uns anos os primeiros carros alegóricos de empresas e bares na parada do Orgulho em Barcelona porque isso atrairia mais pessoas e formaria uma multidão. É preciso fazer algum dia um programa Hormigas Blancas[40] de muitos líderes do movimento gay e vamos rolar de rir. Eu daria para um

---

39 Comissão que agrupa o coletivo LGBTQ em Barcelona. [N.T.]

40 Programa de televisão que consistia em rememorar a biografia de um convidado famoso. [N.T.]

programa bastante suculento. Principalmente vestido de nazareno na Semana Santa. Ou no meu escritoriozinho da Uned com meu pôster gigante da Macarena, ao lado de um calendário com uns bofes seminus, bandeiras gays, mais virgens e cristos, cartazes a favor da apostasia. Enfim. Outra vez me perdi. Mas não se pode exigir que eu pense claramente com a confusão mental e vital que sempre tive.

Volto com a minha inquietação, que continua sem solução. Se nos parece evidente e indiscutível que se deve exigir de todo hétero que não seja homofóbico, entre nós por acaso basta ser lésbica para que ninguém mais tenha direito de nos exigir nada? Basta ser trans para ganhar o céu da militância? Basta ser bixa para que ninguém possa nos exigir nenhum tipo de compromisso nem de solidariedade? O fato de ser gay constitui justificativa suficiente para não ter que assumir mais responsabilidades com a sociedade ou com outros tipos de injustiça que não têm nada a ver com homofobia? Sou bixa, logo estou salva. Sou bixa, mas me caso. Sou bixa, logo isenta de ser solidária. Sou bixa, logo justificada por não me preocupar com nada além do meu cu. Não é por ser bixa que sua existência está justificada. Não é por ser bixa que vão te considerar um tio legal. Não é por ser pobre, negro, sapa, desempregado, trans, proletário, sem-teto que você pode dar as costas para o resto das pessoas alegando que já é demais sermos negros, pobres, bixas para estar nos preocupando pelos outros, além de evitar que se metam conosco. Não é porque pisam no seu pescoço por ser bixona ou por ser negro que você vai se achar no direito de pisar por sua vez em pescoços mais fragilizados do que o seu, ou igualmente vulneráveis, só que por outros motivos. Não é por ser trans ou sapa que você vai poder se comportar sem pudores como uma autêntica filha da puta e pisar em outras trans, outras sapas, outros imigrantes por que em algum aspecto da vida você se encontra superior a eles. O fato de pisarem no seu pescoço por ser bixona não é justificativa para que, como bixona, você pise no pescoço da equatoriana que limpa a sua casa.

Se algo assim como uma Ética LGBTQ é pensável e desejável, ela deve partir do fato de que a luta contra a homofobia não pode acontecer isoladamente, abstraindo-se o resto das injustiças sociais e discriminações, mas que a luta contra a homofobia só é possível e realmente eficaz dentro de uma constelação de lutas conjuntas solidárias contra qualquer forma de opressão, marginalização, perseguição e discriminação. Repito: não por caridade. Não porque nos exijam ser melhores do que ninguém. Não porque tenhamos que ser Superbixas. Mas porque a homofobia, como forma sistêmica de opressão, compõe uma trama muito fechada com as demais formas de opressão, está imbricada com elas, articulada com elas de modo que, se alguém puxa de um lado, o nó se aperta do outro lado, e se afrouxa um fio, puxa outro. Se uma mulher é maltratada, isso repercute na homofobia da sociedade. Se uma bixa é apedrejada, isso repercute no racismo da sociedade. Se um operário é explorado por seu patrão, isso repercute na misoginia da sociedade. Se um negro é agredido por nazis, isso repercute na transfobia da sociedade. Se um menino recebe um apelido preconceituoso, isso repercute na lesbofobia da sociedade.

O poder não é uma forma concreta de opressão, recalque e controle instantâneo, caso por caso. O poder que governa o sistema social é um tecido de microdiscriminações, microinsultos, microexplorações, microrracismos que se entrelaçam uns com outros até formar um todo sólido e compacto que parece que nos esmaga de cima para baixo, vindo de alguma instância anônima controlada por forças ocultas, quando, na realidade, toda a sua força procede apenas das agressões cotidianas, pequenas, microscópicas, imperceptíveis que cada um comete quase sem se dar conta. Isso faz com que aquilo pelo que se tem que lutar não seja a derrota da homofobia e que os outros lutem cada um por sua conta contra o que os oprime. O objetivo de toda a luta contra a homofobia, contra o racismo ou contra a misoginia, por exemplo, é a não discriminação dos oprimidos sistemicamente por qualquer causa. Na medida em que todos e cada um de nós pertencemos a vários grupos, estratos, minorias, maiorias sociais com maior ou menor poder e privilégios, podemos exercer condutas de pressão, de controle, de marginalização ou sofrer perseguição, assédio, maltrato ou agressão. Todos somos ao mesmo tempo marginalizados e opressores. E esse é o núcleo do poder e da força do sistema social de dominação de umas minorias por outras, de umas maiorias por outras, de umas minorias por outras maiorias. A bixa misógina está alimentando a complexa trama do poder repressivo. O equatoriano homofóbico está alimentando a besta da xenofobia. O nazi bixa está alimentando a homofobia. A única coisa que o poder quer é que nós pisemos no pescoço uns dos outros por diferentes motivos. Ele estabelece diferenciais entre indivíduos e grupos no que se refere a direitos e a posição social e deixa que tudo flua. Quando se alcança certo equilíbrio entre os fluidos, eleva uns novamente por cima dos demais e rebaixa outros, para que volte a haver diferenças e seja possível o exercício interno da opressão e a marginalização entre os grupos. Todos esses, por sua vez, fazem parte do grande grupo dos excluídos sociais, frente à classe poderosa, que nunca ou quase nunca entra nesses joguinhos de dar rasteira, mas que se diverte vendo como os desgraçados se xingam entre si e, em vez de ser solidários, preferem descarregar sua raiva uns nos outros, debilitando-se, perdendo toda a possibilidade de coesão como grupo de resistência frente ao verdadeiro poder opressor.

Se a opressão é sistêmica, uma Ética LGBTQ deverá cobrir todas as frentes. Contra a opressão sistêmica, só cabe a solidariedade. Toda ação que seja meramente egoísta, insolidária, reforça o sistema de repressão geral. Você anda pela rua de mãos dadas com sua namorada e um jovem de tez morena pega o próprio pau, chama vocês de sapatão e faz gestos convidando vocês a comer o que quer que seja que ele está agarrando por baixo da calça. Reação: "Volta para o seu país de merda que alguém te chupa lá, africano fedido!". Maravilha. As lésbicas continuam seu passeio tranquilamente depois de não ter deixado uma agressão sem resposta. Sofreram uma agressão misógina, machista e lesbofóbica. E elas contra-atacam com uma agressão xenófoba, homofóbica e racista, que, no caso, resulta mais efetiva e desencadeia uma potência de destruição descomunal muito mais certeira e eficaz que a do seu agressor. Assim funcionam as coisas. Ainda que nem sempre. Mas é muito forte a tentação de recorrer à exclusão, à discriminação e à opressão para lutar contra a exclusão, a discriminação e a opressão. E dessa tentação se nutre o poder e o sistema de preconceitos, privilégios e valores que faz existir a homofobia ao lado de muitas outras formas de discriminação.

O problema não está nos porras-loucas que são misóginos, homofóbicos, lesbofóbicos, transfóbicos, racistas, classistas, machistas, heterossexistas e tudo ao mesmo tempo. Essa gente é caso perdido e, além disso, não são maioria. Mas são um montão e é preciso combatê-los frontalmente, sem tentar convencê-los de nada porque não atendem a razões nem a sentimentalismos. São puras bestas. Com eles não adianta discutir, o diálogo, a argumentação, a escritura, nem nada: luta, conflito, confronto é a única coisa que me permito. O problema mais grave e que nos afeta diretamente é ficar o dia todo fazendo malabarismos e saltando do trapézio dos oprimidos para o dos opressores, porque com isso não fazemos mais do que consolidar a ética e os valores patriarcais e heterossexistas de que tanto nos queixamos e que são responsáveis tanto por um emigrante insultar umas sapas, como por esse emigrante não conseguir nunca regularizar seus documentos. Não se trata de exigir das sapas solidariedade cristã com os emigrantes vindos em balsas de refugiados que as insultam por andar de mãos dadas. Trata-se de nos dar conta do poder repressivo que exercemos, de que somos capazes e que, para as contas totais do sistema, tanto faz a sua qualidade, se é homofóbica, racista ou misógina: o sistema repressivo do poder devora tudo, se alimenta de tudo, necessita de todas as marginações e exclusões, para ele tudo é comida, tudo o engorda. Como nos alimentam a carne, a alface, uma anchova, um muco, chocolate, rins ao xerez ou as unhas: tudo para dentro, o que não mata engorda. Este é o tema. Deixar de engordar a lombriga e encontrar o que a mata.

Se todos mantemos nosso pé sobre o pescoço de um vizinho desgraçado, a cadeia de opressão nunca se quebrará, e o beneficiado é o sistema social de controle: negro que pisa a bixa, que pisa o pobre, que pisa a mulher, que pisa a sem-teto, que pisa a lésbica, que pisa a trans, que pisa o negro. De que serve a liberdade individual de cada grupo marginalizado se eles se oprimem mutuamente, restabelecendo o sistema de dominação como poder diluído em microexclusões de todos contra todos? A luta contra a homofobia nascida de uma Ética LGBTQ não pode deixar de ser solidária com outros grupos e participar de suas lutas, não por heroísmo de um sujeito autônomo que decide livremente ser solidário, nem porque sejamos melhores que ninguém, mas para não reproduzirmos aquilo que nos mata. Isso não se consegue esperando que todas as forças antissistema que brotam na sociedade se unam milagrosamente num passe de mágica, por sinergias ocultas e misteriosas. Isso se consegue tendo as coisas bem esclarecidas, sendo capaz de explicá-las, de contá-las, de difundi-las e de fazer com que penetrem pouco a pouco em cada vez mais gente.

Eu já não sei falar isso de outro modo. Já dei várias voltas no assunto com resultados bastante pobres. Quem não me entender, não será por falta de luzes, ninguém é tão bobo, mas são cegos por seu próprio interesşe e apego aos seus privilégios.

As poucas bixissapas que acessaram a riqueza ou o poder, instalando-se na classe média e deixando de ser perseguidas por homossexualismo, se esqueceram da consciência de classe, seu pertencimento ao grupo das perseguidas, se esqueceram do que era (ou lembram perfeitamente e não querem voltar atrás) compartilhar o lugar de exclusão com aidéticos, prostitutas, pobres, imigrantes e demais lumpemproletários. Por isso os expulsam de seus bairros. O acesso mais ou menos pronunciado ao mundo dos privilégios nos fizeram esquecer nossa procedência; as bixas ricas, poderosas, temerosas do povo, ansiosas por integrar-se, quebraram os vínculos de solidariedade com as demais bixas, com as que já não querem ter nada que ver, nada as une a elas: a classe, o status, o dinheiro estão acima da solidariedade entre as bixas.

É um perfeito exemplo de revolução burguesa encoberta, de revolução aristocrática ou de classe média, em detrimento das classes menos privilegiadas, que se veem prejudicadas pela emancipação parcial das bixas, que é uma emancipação e ampliação das noções de classe já existentes: as classes poderosas se fortaleceram ao incorporar as bixas, mas as classes proletárias e as subclasses ficaram pior, perderam efetivos que, agora, as oprimem por sua vez. A pedagogia da liberação sexual foi hierárquica, de cima para baixo, e não teve o menor interesse em chegar no campo, nas fábricas, nos âmbitos de trabalho e sociabilidade das classes mais baixas: não se combate, nem interessa combater, a homofobia no povo, nos imigrantes, nos presídios, quem se lembra deles? E se, por acaso, se utiliza como fator de discriminação e exclusão dos pobres acusando-os de homofóbicos: acusamos a cultura latina de subdesenvolvida, de pouco democrática, de homofóbica; acusamos o islã, acusamos as classes menos favorecidas economicamente de ser o verdadeiro reservatório da misoginia, da homofobia e do racismo, porque as classes altas e a burguesia já aprenderam a não ser misóginas, homofóbicas e racistas e a ser livres sem oprimir os demais. Genial! Para que logo digam que a crítica das ideologias já não serve para nada. Tudo falsa consciência, pois no fundo só querem manter os privilégios das classes acomodadas que ampliaram um pouco o seu "nós", agora são mais e mais poderosos com as bixas integradas e dispõem de novos instrumentos de opressão e de uma nova fachada de defesa dos direitos sociais que lhes saiu muito barata. E nós pintando e decorando sua preciosa fachada.

A libertação de gays e lésbicas só foi possível e permitida passando pela vara do capitalismo, do comércio, da burguesia e seus valores discriminatórios: se fizerem profissão de fé do individualismo e do milagre americano, nós deixamos vocês serem dos nossos, mas somente se rezarem nossa cartilha; os outros continuarão esmagados, ainda que nunca digamos, já que serão oprimidos pelas bixas, por respeito às bixas que estão do nosso lado. Simplesmente mudamos o discurso, mas as práticas de exclusão e marginalização permanecem idênticas, e os setores da população que queríamos seguir mantendo à margem e controlados continuam assim, mas conseguimos depurar a exclusão em proveito da classe privilegiada, que tem direito a ser bixa sem que isso implique seu desclassamento. Os pobres vão continuar sendo pobres, sejam bixas ou não: que se arrumem entre eles se os marginalizados querem continuar apedrejando as bixinhas e travestis, assuntos sujos de gente baixa que não nos preocupam. Nós somos mais fortes agora, e nossas instituições também, como a família, a herança e a transmissão do patrimônio, a ampliação da nossa capacidade reprodutiva (agora é mais fácil que uma bixa rica adote uma criança do que um casal hétero pobre). Um filho de gays ricos não será mais um "filho do povo", se o arrancamos do povo e já faz parte dos nossos para sempre.

Uma prova talvez anedótica de que a homossexualidade não é considerada uma besta negra a ser combatida, e que o poder acredita que é mais inteligente admiti-la em suas fileiras para fortalecer sua opressão de classe, é a existência de padres bixas e pederastas. Não importa muito que sejam assim: melhor que haja padres bixas que se peguem na cara dos seus coroinhas do que perder força diminuindo drasticamente o número de padres porque expulsamos todos os pederastas e todas as bixas e todas as freiras lésbicas. São uns pervertidos, mas são dos nossos e, salvo essa insignificância que podemos superar, nos apoiam em tudo e compartilhamos o mesmo inimigo. Outra coisa são os padres vermelhos, que são contra os nossos interesses de classe, desses tiramos até a paróquia: a cruzada da Igreja contra a Teologia da Libertação e os padres vermelhos, que em vez de dar hóstias davam pão ou bolinhos, tem sido espetacularmente maior e de uma eficácia pavorosa em comparação com a limpa depuração dos padres bixas e as freiras lésbicas e os bispos pederastas: sempre está acima o interesse de classe e a pujança da instituição em defesa de seu *status quo*. A homofobia sempre pode ficar adormecida atrás de um grosso véu quando há coisas mais urgentes a combater. A Igreja prefere um exército de padres chupa-paus e sodomitas capazes de exterminar a Teologia da Libertação do que uns quantos padres vermelhos perfeitamente heterossexuais, isso, sim, é o verdadeiro inimigo, o Demônio com rabo e tridente. As bixas que passam por esse crivo eclesial não são mais do que sodomitas aferradas a seus privilégios de classe, bixas que escolheram ser padres em vez de liberar as bixas em seu conjunto, escolheram ser padres para foder sem problemas e não precisar pertencer ao povo ou simpatizar com ele.

Ou as bixas de direita, ou as bixas militares. A Guarda Civil, o exército, os partidos fascistas admitem em suas fileiras bixas e lésbicas para aumentar a sua força, mas sabem que a libertação de todas as bixas e lésbicas vai contra seus interesses de classe, familiares, sociais, econômicos etc. Eles nos odeiam, simplesmente fazem o de sempre: somente os fascistas muito otários e curtos de vista preferem o preconceito homofóbico aos interesses de classe. A homofobia generalizada pode significar para eles um prejuízo e já abandonaram a maior parte desse discurso, dividindo tudo em pequenas porções aqui e acolá. Não há uma homofobia em estado puro e duro: sempre está tingida de interesses de classe. Isso também acontece, igualmente, na esquerda, com os resultados mais visíveis que eles mesmos se encarregam de divulgar. A esquerda se sente mais forte com as bixas, é um capital de voto que decidiram conquistar e adquirir, além de que já não existe uma esquerda lumpemproletária, mas de classe média para cima, exatamente como querem fazer crer sobre as bixas e sapas: todas de classe média, alta, não há bixas nem lésbicas pobres. Como vão ser pobres, se são de esquerda? Como vão ser pobres, se são homossexuais? Como vão ser pobres, se são transexuais? É preciso, se não quisermos perder a cabeça e perder definitivamente o rumo, evitar essas instrumentalizações e não ser partícipes de estratégias de repressão encoberta contra terceiros: mais pobres, mais perseguidos, mais excluídos que as próprias bixas já faz um tempo. E ter claro quais são as nossas solidariedades: sou bixa ou da direita? Sou bixa ou da esquerda? Sou bixa ou padre? Sou bixa ou militar? Sou bixa ou patrão? E ter claro quem são os nossos inimigos, e chamá-los de inimigos e considerá-los inimigos. E se alguma bixa se vê no meio de fogo cruzado e acaba atingida por fogo amigo, por fogo bixa, que aprenda a se colocar bem no front, que talvez não soubesse muito bem qual escolher entre tantos soldados bonitos, ou se parecia tanto com o inimigo que um pedaço de metralhadora rosa acabou alcançando-a.

Mas, então, que diferença tem entre uma bixa fascista e uma bixa vermelha, entre ser de esquerda e ser de direita, entre ser solidário e pertencer a uma ONG? Veja, não posso lhe dizer nem explicar, mas você é um fascista de merda e eu não.

E vaisefoderbixonafilhadaputa.

Paco Vidarte (Sevilha, 1970-2008) era doutor em filosofia pela Universidad de Comillas (Prêmio Extraordinário de Licenciatura) e mestre em teoria psicanalítica. Foi professor titular na Universidad Nacional de Educación a Distancia (Uned). Era especialista em filosofia contemporânea e, em particular, na obra de Jacques Derrida, sobre quem publicou numerosos livros, artigos, conferências e traduções. É autor de *Derritages: une thèse en déconstruction* (L'Harmattan, 2002), *Filosofías del siglo XX* (Síntesis, 2005), *Guerra y filosofía*, em colaboração com J. García-Caneiro (Tirant lo Blanch, 2002), *Marginales: leyendo a Derrida* (Uned, 2000), *Derrida*, em colaboração com Cristina de Peretti (Ediciones del Orto, 1998) e *¿Qué es leer? La invención del texto en filosofía* (Tirant lo Blanch, 2006). Em 2003 tornou-se diretor do curso de ensino aberto da Uned "Introdução à Teoria *Queer*". No âmbito dessa teoria, publicou os livros *Homografías* e *extravíos*, ambos com Ricardo Llamas (Espasa-Calpe, 1991 e 2001) e *Teoria queer: políticas bolleras, maricas, trans, mestizas*, em colaboração com Javier Sáez e David Córdoba (Egales, 2005). Foi o promotor de um dos primeiros encontros *queer* da Espanha, o curso de verão da Uned em La Coruña "Gênero e diferença: estratégias para uma crítica cultural" (2001) e ministrou também diversas conferências onde aplica leituras *queer* às manifestações culturais (cinema, internet, psicanálise etc.).

Dados Internacionais de Catalogação na Publicação (CIP) de acordo com ISBD

V649e   Vidarte, Paco

Ética bixa: proclamações libertárias para uma militância LGBTQ / Paco Vidarte traduzido por Maria Selenir Nunes dos Santos, Pablo Cardellino Soto. - São Paulo : n-1 edições, 2019.
184 p. ; 14cm x 21cm.

Inclui índice.
ISBN: 978-856-694-380-1

1. Gênero. 2. LGBTQ. 3. Ciências políticas. I. Santos, Maria Selenir Nunes dos. II. Soto, Pablo Cardellino. III. Título.

2019-394

CDD 305.42
CDU 396

Elaborado por Vagner Rodolfo da Silva - CRB-8/9410

Índice para catálogo sistemático
1. Gênero 305.42
2. Gênero 396

n-1

O livro como imagem do mundo é de toda
maneira uma ideia insípida. Na verdade não
basta dizer Viva o múltiplo, grito de resto difícil
de emitir. Nenhuma habilidade tipográfica,
lexical ou mesmo sintática será suficiente para
fazê-lo ouvir. É preciso fazer o múltiplo, não
acrescentando sempre uma dimensão superior,
mas, ao contrário, da maneira mais simples,
com força de sobriedade, no nível das
dimensões de que se dispõe, sempre n-1
(é somente assim que o uno faz parte do
múltiplo, estando sempre subtraído dele).
Subtrair o único da multiplicidade a ser
constituída; escrever a n-1.

Gilles Deleuze e Félix Guattari

n-1edicoes.org